幼儿深度学习——面向未来的学前教育丛书
叶平枝 主编

DEEP
LEARNING

教学活动中幼儿的深度学习

冯婉桢 等 著

教育科学出版社
·北京·

出 版 人　郑豪杰
策划编辑　赵建明
责任编辑　王春华
版式设计　郝晓红
责任校对　贾静芳
责任印制　李孟晓

图书在版编目（CIP）数据

教学活动中幼儿的深度学习/冯婉桢等著. --北京：教育科学出版社，2024.9. --（幼儿深度学习：面向未来的学前教育丛书）. -- ISBN 978-7-5191-4060-1

Ⅰ. G612

中国国家版本馆 CIP 数据核字第 20248EP164 号

幼儿深度学习——面向未来的学前教育丛书
教学活动中幼儿的深度学习
JIAOXUE HUODONG ZHONG YOU'ER DE SHENDU XUEXI

出 版 发 行	教育科学出版社		
社　　　址	北京·朝阳区安慧北里安园甲9号	邮　　编	100101
总编室电话	010-64981290	编辑部电话	010-64989395
出版部电话	010-64989487	市场部电话	010-64989572
传　　　真	010-64989419	网　　址	http://www.esph.com.cn
经　　　销	各地新华书店		
制　　　作	北京金奥都图文制作中心		
印　　　刷	保定市中画美凯印刷有限公司		
开　　　本	720毫米×1020毫米　1/16	版　　次	2024年9月第1版
印　　　张	16.25	印　　次	2024年9月第1次印刷
字　　　数	217千	定　　价	52.00元

图书出现印装质量问题，本社负责调换。

丛书序一

当今世界正处于转折时期，社会对儿童和教育系统的要求正在发生改变。过去，教育的目标是教给儿童知识。而现在，教育的目标是确保儿童形成扎实的能力，使他们能够在日益变化的世界中找到自己的方向，应对快速变化的社会，胜任还未出现的职业，使用还没有被发明的技术，解决我们还不知道将要发生的问题。因而，在全球教育都在走向新方向的今天，我们必须正视个人素质的重构。这种应对未来的重构意识，使得我们不得不关注儿童该如何学习的问题。

从学前教育改革和发展的进程来看，学界越来越重视儿童的学习，幼儿园教育由关注单一知识向关注生活与经验转变，由关注物质向关注互动转变，由关注学什么向关注怎么学转变。这些转变让人感到欣喜，因为这意味着我们关注到了儿童，关注到了儿童特殊的心理发展特点和需要，关注到了儿童学习发生和发展的过程，同时也使得我们更加基于儿童发展需求去考虑教师支持和鹰架的有意义策略。这也正是近年来深度学习越来越受到广大学者重视的重要原因之一。这种重视实则是出于对儿童这一精神个体学习过程的关注，是对其所获得的成长的关切。

叶平枝教授带领的研究团队，既有来自广州大学、河南大学、北京师范大学、华南师范大学和广东第二师范学院等院校的理论工作者，也有来自学前教育一线的知名教研员、园长和骨干教师。他们长期聚焦于幼儿的深度学习研究，在园所展开了大量有益实践，并获取了相当多鲜活的案例。团队编撰的有关幼儿深度学习的系列丛书，相信会助推和深化幼儿深度学习的研究，给一线教育工作者启发。

  幼儿的深度学习是幼儿作为一个精神生命在自我探寻的过程中由内而外地组建他所能够获得的外界信息，在自己的主动推动与教师或所处的环境和规则的引导下，获得有意义成长的一种学习策略。希望更多的幼儿园教师具有深度学习能力，更多的幼儿能够打好深度学习的基础，为未来做准备，获得受益终身的学习力。

侯莉敏

广西师范大学

丛书序二

  19世纪中叶，斯宾塞发出"什么知识最有价值"的课程之问，指出教育的目的是为"完满的生活"做准备，"完满的生活"就是"幸福的生活"，而幸福生活的获得有赖于最有价值的知识——科学。将近200年过去了，科学以惊人的速度发展着。如果说教育的目的是为"完满的生活""幸福的生活"做准备，那么我们该怎样为未来做好准备，怎样为幼儿的未来做好准备？可以说，当今时代对于教育的挑战是空前的。

  在思考如何应对未来世界挑战的过程中，教育研究有两个重要进展：一是对未来准备目标和内容的研究，即"核心素养"的研究与实践；二是对教育方式的研究，即"深度学习"的研究与实践。1997年，经济合作与发展组织提出了核心素养的结构模型，不仅掀起核心素养改革浪潮，还使核心素养成为教育改革的焦点。《中国学生发展核心素养》将中国学生发展的核心素养分为三个维度，综合表现为六大素养。"核心素养是学生在接受相应学段的教育过程中，逐步形成的适应个人终身发展和社会发展需要的必备品格和关键能力。"[1] 让学习者获得核心素养，必须将知识的学习转化为智慧和能力的学习，深度学习就成为必然选择。所谓深度学习就是学习

---

[1] 林崇德. 中国学生核心素养研究［J］. 心理与行为研究，2017（2）：145.

者以解决问题和发展高阶认知为目的，积极主动地运用综合知识和经验解决问题、建构认知的过程。"深度学习"概念虽然是国外学者于1976年提出的，但"授人以鱼不如授人以渔"的"渔"追求，中国古已有之，有意义的学习、有效的学习，均与深度学习的追求暗合。

在学生核心素养和深度学习研究如火如荼之时，学前教育也在进行着静悄悄的革命。《3—6岁儿童学习与发展指南》虽然没有提"核心素养"，但其对幼儿"应知应会"的选择、对幼儿关键知识和关键经验的确定都是核心素养的研究旨归。冯晓霞教授较早提出了"幼儿区域活动中的深度学习"，推动了我国幼儿深度学习的研究。深度学习与核心素养（或者说"关键经验"）是相辅相成的。核心素养是为完满生活和幸福生活做准备，而要获得核心素养，必须让幼儿深度学习，获得真正的学习力，将知识转化为素养或能力。学习不仅仅是知识的学习，更是围绕着知识进行探索，获得学习力和创新力等未来社会与个人终身发展必需的关键能力、个性品质及道德品质。我们的研究以已有研究为基础，努力体现以下三个特点。

前瞻性。面对新时代和未来世界的复杂性和多变性，我们认为学前教育与中小学教育一样，都应该进行朝向深度学习的教育改革，使幼儿在游戏和探究活动中发展好奇心和探究能力，主动、积极地解决问题，发展计划性、反思能力和问题解决能力。深度学习既是对社会环境变革的回应，也是学习本质的回归。我们的研究从幼儿深度学习课程设计和教育支持、游戏中的深度学习、区域活动中的深度学习、教学中的深度学习、一日生活中的深度学习与幼儿深度学习评价等方面，对幼儿深度学习进行理论和实践的探索。

统整性。我们倡导深度学习是回归学习本质的学习，力图从幼儿深度学习角度统整课程、游戏和教学的理论与实践：①确定幼儿应知应会的关键经验和核心素养；②整合我国综合主题课程改革和国外著名课程模式研究的经验，确定实施模式；③根据深度学习理论和学习机制的多学科研究成果，确定教育支持的方法与策略；④探索幼儿深度学习的评价模式和方法。我们的研究努力做到本土课程与国外先进课程的统整、教师主体与幼儿主体的统整、预设与生成的统整、游戏与课程的统整。

操作性。我们的研究既不是理论上的设想和推演，也不是单纯的实践探索，而是理论和实践的真正结合。我们对深度学习的理论研究历时多年，也进行了持久的实践探索，正式实验也有多年时间。经过理论与实践的持续对话，我们较好地解决了课程教学碎片化、知识与经验对立、预设与生成割裂等问题，力图使理论变得更有解释力和迁移力，使方法与策略具有较强的可操作性。本丛书的许多案例来自实验园的实践成果，说明这样的改革不仅是必要的，也是可行的。

我们深深知道，没有研究者和实践者的卓越探索与实践智慧，就不可能有本套丛书。我们借鉴了前人的大量智慧，在此表示深深的谢意，也希望通过一系列抛砖引玉的研究，启发更多理论和实践工作者加入对深度学习的探索。我们也将以开放的态度欢迎大家批评指正，共同为幼儿未来幸福和完满生活打下坚实的基础。

广州大学

目　录

第一章　概述　/ 001

第一节　幼儿深度学习的内涵与特征　　002

第二节　教学活动的内涵与功能　　015

第三节　支持幼儿深度学习的教学改革　　018

第二章　教学活动中如何支持幼儿的深度学习　/ 029

第一节　教学目标的确立与表达　　030

第二节　教学内容的选择与组织　　039

第三节　教学过程的组织与安排　　047

第四节　教学策略的选择与运用　　055

第五节　信息技术的介入与利用　　065

第三章　深度学习取向下分领域教学活动的设计与实施　/ 077

第一节　健康领域教学活动　　078

第二节　语言领域教学活动　　099

第三节　社会领域教学活动　　121

第四节　科学领域教学活动　　　　　　　　　144

第五节　数学领域教学活动　　　　　　　　　163

第六节　音乐领域教学活动　　　　　　　　　181

第七节　美术领域教学活动　　　　　　　　　196

第四章　深度学习取向下主题教学活动的设计与实施 / 215

第一节　主题教学活动中幼儿深度学习的困境与破解　216

第二节　深度学习取向下主题教学活动的设计　　　　220

第三节　深度学习取向下主题教学活动的实施　　　　225

第五章　教师的深度学习与教学活动质量提升 / 237

第一节　教学质量提升行动中教师的学习困境　　　　238

第二节　指向教学质量提升的教师的深度学习　　　　241

主要参考文献 / 249

后　　记 / 251

第一章

概 述

第一节　幼儿深度学习的内涵与特征

一、深度学习的来源与发展

深度学习是相对浅层学习而言的一种学习方式、学习过程、学习结果、学习能力与学习理念。深度学习概念拥有较为深厚的历史基础，在提出后被人们赋予了多种对学习的时代期待，并应用于信息科学和教育心理学多个领域，内涵在不断扩展。

（一）历史上对学习深度的关注

中国古人对学习的深度有很多讨论，强调学习要不断深入，且落实在行动中。我国教育家孔子曾言，学而时习之，学而不思则罔，思而不学则殆，主张学习之后要经常温习，学习过程中要学思结合。在《礼记》中，学习过程被划分为立志、博学、审问、慎思、明辨、时习、笃行七个阶段。王晓明在《教育心理学》中指出：立志，是指树立学习志向，也即形成学习动机；博学，是指多闻、多见，也即广泛获取感性知识和书本知识；审问，是指探究学习中发现的问题，也即强调在多闻、多见过程中善于多疑、多问；慎思，是指深入严谨地进行思考，也即对感性知识和书本知识进行理性层面上的深入加工；明辨，是指通过思维活动确切分清所学知识的真假、善恶、美丑、是非，也即在学习过程中掌握确切的知识；时习，是指对所学知识的练习、复习和实习，也即巩固所学的知识；笃行，是指将所学知识付诸实践，也即将所学知识应用于实际，落实于行动。从这七个阶段的划分中可见学习的深度在逐步加强。学习中要深刻体悟，学习要有深度，这是中国人对学习的一贯期待。

西方现代心理学的发展历史展现了人们对学习的认识在不断深入，

也展现了人们对深入学习的热情与追求。从20世纪60年代开始，认知主义学派改变了行为主义学派从外在刺激作用于个体反应角度来分析学习机制的路径，提出了学习的实质是个体内部认知结构形成与发展的过程。皮亚杰的认知相互作用论、维果斯基的社会认知发展理论、布鲁纳的认知结构—学习理论和认知—发现学习理论、布卢姆的掌握学习理论与加涅的信息加工理论等一系列建构主义理论相继提出，共同主张学习是"学生建构自己的知识的过程"[1]，强调学习者对知识的主动建构和知识建构过程中学习者新旧经验的联系。同一时期兴起的人本主义理论以奥苏贝尔的有意义学习理论为代表，主张"学习即理解"和"学习即潜能的发挥"，认为最好的学习是学会如何进行学习，学习的内容应该是学习者认为有价值、有意义的知识或经验[2]，只有在学习者理解学习内容的意义和价值的情况下，学习才最有效。建构主义理论和人本主义理论对学习实质和效果的追问与研究都反映了对学习深度的关切。

尤其是布卢姆认为学习有深浅层次之分，并提出了教育目标分类学，为深层学习和浅层学习概念的提出提供了重要的基础。1956年，他发表文章《教育目标分类：认知领域》，认为认知领域的教学目标可以分为六个层级，按照低阶到高阶依次包括：①识记（Knowledge），能够记住具体的事实信息，对学过的知识能够识别和再现，要求学生能做到确认、定义、选择、默写、背诵等；②领会（Comprehension），能理解知识，抓住事物的实质，掌握材料的中心思想和意义，要求学生做到转换（用自己的语言或不同的方式表达知识内容）、解释（对信息进行说明或概述）和推断（预测发展趋势）；③应用（Application），能把所学知识应用于新情境，去解决问题或理解事物，要求学生做到列举、计算、设计、示范、运用、操作、解答实际问题等；④分析

---

[1] 陈琦，张建伟. 建构主义学习观要义评析 [J]. 华东师范大学学报（教育科学版），1998（1）：64.

[2] 佐斌. 论人本主义学习理论 [J]. 教育研究与实验，1998（2）：33-34.

(Analysis),能把复杂的知识分解,找出其中的要素,并分析这些要素之间的关系与组成原理,要求学生能对事物进行具体分析,用图表示,叙述理由,举例说明,区别,指明,认出在推理上的逻辑错误,区别事实与推理,判断事实材料的相关性;⑤综合(Synthesis),能把元素或部分组成新的整体,从而创造新的思想和知识,要求学生能做到联合、组成、创造、计划、归纳、重建、总结等;⑥评价(Evaluation),能根据一定的标准判断事物的价值或选择其他方法,要求学生能做到比较分析,评价效果,分辨好坏,指出价值。在这六个层级的认知目标中,达到识记、领会和应用水平处于浅层学习,做到分析、综合和评价属于深度学习。

(二)深度学习概念的提出

现有研究普遍认为世界上最早提出深度学习概念的是瑞典学者费伦斯·马顿(Ference Marton)和罗杰·萨尔乔(Roger Säljö)。他们将深度学习视为一种学习方式,强调深度学习是对信息深水平的加工处理,以及对信息深层内涵的理解。1976 年,两位学者发表了他们在瑞典大学生群体中开展的分组阅读实验的成果。[①] 实验要求两组大学生阅读同样的三章阅读材料,在阅读完前两章后给两组学生不同的引导问题,其中一组(DL-group)的问题指向信息深度加工,并要求该组学生回忆和简要概括阅读材料的观点;另一组(SL-group)的问题指向信息浅层加工,只要求学生记住阅读材料中的一些细节和事实信息。等两组阅读完第三章后,研究比较了两组学生的信息加工处理水平和对信息深层内涵的理解情况,发现学生所采用的信息处理水平与所达到的信息理解水平之间有着明显的关联,接受了深度信息加工问题引导的小组会全面关注阅读材料内容,建构形成自己的理解,尤其是对

[①] MARTON F, SÄLJÖ R. On qualitative differences in learning Ⅱ: outcome as a function of the learner's conception of the task [J]. British Journal of Educational Psychology, 1976 (46): 115-127.

材料意义的理解，而另一个小组更关注材料中的细节，使用材料中的原文报告自己记住的一些事实信息。

与此同时，因特威斯特、拉姆斯顿、比格斯等人对深度学习的研究做了重要推动[①]，他们强调深度学习是内在动机支持下的学习过程，以及对学习内容进行结构化组织处理的学习结果。1979 年，比格斯在马顿等人研究的基础上，进一步考察了学习过程与学习结果结构（Structure of the Observed Learning Outcome，SOLO）复杂程度之间的关系，认为内部动机取向会带来更有深度的学习结果。[②] 比格斯将学习过程分为输入、过程和结果三个环节，认为过程环节包括运用、整合、成就三个维度，以及动机与策略两个要素。同时，他在皮亚杰认知发展阶段理论和布卢姆目标分类学的基础上，将学生学习结果结构复杂程度分成五个层级，由低级到高级依次是前结构、单点结构、多点结构、关联结构以及抽象拓展结构水平。他指出，深度学习意味着能够对学习内容进行更复杂的结构处理。

（三）深度学习在人工智能领域的发展

20 世纪 50 年代，世界计算机科学之父艾伦·图灵就提出了"机器能够思维"的命题，开创了人工智能研究的先河。1965 年，人工智能研究先驱赫伯特·西蒙曾预言，在 20 年内，机器将有能力做人类所能做的一切。今天，人工智能领域已广泛应用于我们的社会生活中。

深度学习是当代人工智能研究领域中的一项开拓性成果。"2006 年以来，机器学习领域中一个叫'深度学习'的课题开始受到学术界广泛关注，到今天已经成为互联网大数据和人工智能的一个热潮。""机器学习是人工智能领域的一个重要学科。自从 20 世纪 80 年代以来，

---

① 刘丽丽. 基于 SOLO 分类理论的小学生深度学习评价研究 [D]. 上海：华东师范大学，2017.

② BIGGS J B. Individual differences in study processes and the quality of learning outcomes [J]. Higher Education，1979（8）：381-394.

机器学习在算法、理论和应用等方面都获得巨大成功。"[1] 深度学习在人工智能领域的发展受到了神经科学领域对人类大脑信息处理方式研究的启发。人工智能领域的重点课题之一是如何实现机器像人类大脑一样高效地处理复杂信息。神经科学领域的研究人员通过感官信号从视网膜传递到前额大脑皮质再到运动神经的时间，推断出大脑皮质并未直接地对数据进行特征提取处理，而是使接收到的刺激信号通过一个复杂的层状网络模型，进而获取观测数据展现的规则。也就是说，人脑并不是直接根据外部世界在视网膜上投影，而是根据经聚集和分解过程处理后的信息来识别物体。因此视皮层的功能是对感知信号进行特征提取和计算，而不仅仅是简单地重现视网膜的图像。人类感知系统这种明确的层次结构极大地降低了视觉系统处理的数据量，并保留了物体有用的结构信息。[2] 受此发现的启发，深度学习通过建立类似于人脑的分层模型结构，对输入数据逐级提取从底层到高层的特征，从而能很好地建立从底层信号到高层语义的映射关系[3]，对于要提取具有潜在复杂结构规则的自然图像、视频、语音和音乐等，能够获取其本质特征。

（四）深度学习在教育与心理领域的发展

机器已经像人类大脑一样可以深度学习了，那么，人类学习的必要性与价值在哪里，又该何去何从呢？"人工智能技术将掀起一场影响更为深远的'第四次科技革命'——大部分常规的、无须深度思考的职业领域将会消失，被自动化和人工智能技术所取代。在人工智能时代，计算机处理表层知识的能力将远超人类，如果学校教育继续聚焦

---

[1] 余凯，贾磊，陈雨强，等. 深度学习的昨天、今天和明天[J]. 计算机研究与发展，2013（9）：1799-1804.

[2] 孙志军，薛磊，许阳明，等. 深度学习研究综述[J]. 计算机应用研究，2012（8）：2806-2810.

[3] 余凯，贾磊，陈雨强，等. 深度学习的昨天、今天和明天[J]. 计算机研究与发展，2013（9）：1799-1804.

表层知识的传递，那么，其培养出来的人与二流的计算机无异。"[1] 同时，在全球化背景下，人类需要具备更强的学习能力来应对复杂多变、不确定的社会生活。然而，在严峻的现实面前，人类的学习变得日益肤浅，自觉地将部分学习任务交给机器来替代，并游走在网络的信息海洋中。教育学与心理学领域的研究者从应对未来社会生活需要的立场扩展了对深度学习的研究，并将信息技术与深度学习相结合。深度学习不再简单地是一种学习方式、一类学习过程或一定水平的学习结果，而已然成为人学习能力的标志和引领教育改革的学习理念。

从 20 世纪 80 年代开始，世界多国开展了深度学习研究，并实现了研究与实践的结合。如美国国家研究委员会（America National Research Council Panel）在《为生活和工作而教育：培养 21 世纪可迁移的知识和技能》（Education for life and work: developing transferable knowledge and skills in the 21st century）认为，深度学习是个体将学习的知识从一种情境应用到另一种情境的过程，即迁移。美国研究所（American Institutes For Research，AIR）于 2011—2014 年组织实施了深度学习项目（Study of deeper learning: opportunities and outcomes）。该项目在美国不同地区建立深度学习实验学校，一度有 500 余所学校参与，形成了深度学习共同体网络。该项目认为，深度学习是学生胜任 21 世纪工作和公民生活必须具备的能力，这些能力可以让学生灵活地掌握和理解学科知识以及应用这些知识去解决课堂和未来工作中的问题，主要包括掌握核心学科知识、批判性思维和复杂问题解决、团队协作、有效沟通、学会学习等[2]。美国国家研究委员会后来将这六种能力区分为认知领域、人际领域和个人领域三个维度。加拿大的迈克尔·富兰（Michael Fullan）和乔安妮·奎因（Joanne Quinn）等人在八

---

[1] 彭正梅, 伍绍杨, 邓莉. 如何培养高阶能力：哈蒂"可见的学习"的视角 [J]. 教育研究, 2019 (5): 76.

[2] 卜彩丽, 冯晓晓, 张宝辉. 深度学习的概念、策略、效果及其启示：美国深度学习项目 (SDL) 的解读与分析 [J]. 远程教育杂志, 2016 (5): 75-82.

个国家的 1500 多所学校发起和推进了深度学习运动（The Deep Learning Movement），认为深度学习是终身坚持的优质学习，是获取六种全球化能力（包括品格、公民意识、协作、沟通、创造力和批判性思维）的过程。[1]

我国从 2000 年左右开始关注深度学习，从讨论学习动机和学习策略对学习结果深浅的影响，到明确探讨深度学习的内涵与价值。黎加厚团队最早在 2005 年发表了有关深度学习的文章，通过与浅层学习的比较，指出"深度学习是指在理解学习的基础上，学习者能够批判性地学习新的思想和事实，并将它们融入原有的认知结构中，能够在众多思想间进行联系，并能够将已有的知识迁移到新的情境中，做出决策和解决问题的学习"[2]。之后，以深度学习为题的研究数量迅速增多，并有了相应的实践探索。2014 年，教育部基础教育课程教材发展中心在全国多个实验区开展了"'深度学习'教学改进"项目研究，努力在自觉的教育实验活动中探索教学规律，促进学生核心素养的发展，使教学活动真正成为培养人的理智活动，成为能够回应时代和社会发展要求的社会实践活动。[3] 深度学习是"在教师引领下，学生围绕着具有挑战性的学习主题，全身心积极参与、体验成功、获得发展的有意义的学习过程"[4]。一些大学和中小学教师主动地在教育实践中开启了深度学习探索，例如对语文、数学、英语、物理、生物等学科教学进行指向深度学习的设计与实践，基于深度学习提出课堂教学、学习平台和课程内容等的新模式。其中，在数字化课程与教学中如何促进学生的深度学习成为研究与实践关注的热点。"其主要原因有两个方面：一方面是数字时代需要人才的素养与以往要求有着极大的不同；

---

[1] 乔安妮·奎因，迈克尔·富兰，玛格·加德纳，等. 深度学习 2：重新定义未来教育的学习模式 [M]. 盛群力，朱秋禹，译. 北京：机械工业出版社，2021.
[2] 何玲，黎加厚. 促进学生深度学习 [J]. 现代教学，2005（5）：29.
[3] 郭华. 深度学习及其意义 [J]. 课程·教材·教法，2016（11）：25.
[4] 同[3]：27.

另一方面则是技术的发展在教育中的应用和支持,为深度学习的发展、推进提供了可能,有效提高了学生学习和协作的质量、广度和深度。"[1]

二、幼儿深度学习的内涵与特征

(一)幼儿深度学习的内涵

目前,人们对深度学习的内涵有了较全面的理解。"从学习方式看,深度学习是学生在内部动机的作用下与教学环境的积极交互;从学习过程看,深度学习表现为学习者高投入的认知加工和问题解决过程;从学习结果看,深度学习最终体现在学习者有效掌握学科核心知识,获得积极的学习情感体验以及有效的高阶能力发展等方面。"[2] 深度学习的结果不仅体现为学习者认知领域的变化,还体现为学习者人际交往领域和个人领域的变化。在认知领域,深度学习所带来的结果不同于浅层学习,主要表现为六个方面的不同(见表1-1)。人际领域表现为沟通和合作能力,个人领域表现为自我监控、学习能力和学习动机。

表1-1 深度学习与浅层学习的比较分析[3]

角度	深度学习	浅层学习
1. 学习动机	因自身需求而主动学习	因外在压力而被动学习
2. 记忆方式	理解基础上的记忆	机械记忆

---

[1] 刘月霞,郭华. 深度学习:走向核心素养:理论普及读本[M]. 北京:教育科学出版社,2018:13.
[2] 沈霞娟. 促进大学生深度学习的混合学习设计研究[D]. 西安:陕西师范大学,2021.
[3] 张浩,吴秀娟. 深度学习的内涵及认知理论基础探析[J]. 中国电化教育,2012(10):7-11,21.

续表

角度	深度学习	浅层学习
3. 知识体系	在新知识和原有经验之间建立联系，掌握复杂概念、深层知识	零散的、孤立的、当下所学的知识，且都是概念、原理等结构化的浅层知识
4. 反思状态	逐步加深理解，批判性思维，自我反思	缺少反思
5. 迁移能力	能把所学知识迁移应用到实践中	不能灵活应用所学知识
6. 思维层次	高阶思维	低阶思维

进一步来看，个体的学习从浅层学习状态进入到深度学习状态意味着有六个方面的表现：①个体主动发起且专注投入地学习，而不是在外在动机的驱使下被动地学习；②个体能够理解学习内容，而不是简单地记住学习内容；③个体在学习中主动联系已有经验并建构形成新的经验，在新旧经验之间建立起深层联系，形成系统的知识体系，而非只获得孤立的、零散的知识；④个体能够自主地对学习内容进行批判反思，形成个人认识，而非在缺乏反思情况下的简单接受他人观点；⑤个体能将学习内容迁移运用到新的情境或实践中，去解决真实的问题，而非停留在"知道"水平；⑥个体在学习过程中运用高阶能力，并形成高阶能力。

高阶能力"是以高阶思维为核心，解决劣构问题或复杂任务的心理特征"[1]。对于高阶能力的具体构成，以往研究有多种解释。综合以往研究成果，本书认为任何的学习都需要个体认知能力与非认知能力的同步参与，深度学习中的高阶能力应包括认知能力、人际能力和自我管理能力三个方面。高阶认知能力以高阶思维能力为核心。按照安德森等人在《学习、教学和评估的分类学》中提出的对布卢姆认知目标分类的修订，个体的认知层级从低到高依次为记忆、理解、应用、

---

[1] 钟志贤. 促进学习者高阶思维发展的教学设计假设[J]. 电化教育研究，2004 (12)：21.

分析、评价及创造，其中，记忆、理解、应用属于低阶认知技能，分析、评价、创造属于高阶认知技能。分析指将材料分成若干组成部分，并确定这些组成部分之间的联结关系。评价指依据标准或准则做出判断。创造指"将要素重新组成一个新的模式或结构"[1]。高阶能力中的人际能力指人际交往中的协作与沟通能力，以及通过人际交往获得新信息或思维启示的能力；自我管理能力指学习过程中的自我监控、反思与调整能力等。

冯晓霞在中国学前教育研究会 2016 年学术年会上指出，深度学习是学习者以高级思维的发展和实际问题的解决为目标，以整合的知识为内容，积极主动地、批判性地学习新的知识和思想，并将它们融入原有的认知结构中，且能将已有的知识迁移到新的情境中的一种学习，是一种有意义的、具有长远效果的学习。叶平枝等认为，幼儿深度学习是幼儿在兴趣和问题解决的内在动机驱动下，主动积极地探究并解决问题，丰富和发展认识、情感、能力和个性，并将学习所得迁移新情境中的一种学习。此界定突出了以下四个方面的要义：第一，幼儿深度学习是由兴趣和问题解决的内在动机驱动的，学习充满快乐和热情；第二，在深度学习的过程中，幼儿围绕问题主动积极地思考和探究，学习是自然而聚焦的，而不仅仅是体验和无目的的摆弄，也不是浅尝辄止；第三，深度学习可以促进幼儿多方面的发展，包括认知、情感、能力和个性，深度学习是过程，也是结果；第四，幼儿深度学习所得可以应用和迁移。[2] 有人会质疑幼儿是否能够进行深度学习，大量的教育观察证明，幼儿能够围绕活动主题，积极投入到活动中，多维度思考，迁移已有的知识经验，尝试解决问题，实现有意义的学习。"值得注意的是，幼儿的深度学习绝不是指向高深的学习内容，也不是

---

[1] 王帅. 国外高阶思维及其教学方式［J］. 上海教育科研, 2011（9）: 32.
[2] 叶平枝, 等. 幼儿深度学习课程设计与实施［M］. 北京: 教育科学出版社, 2022: 10.

超越幼儿认知能力的小学化的学习。"[1]

(二) 幼儿深度学习的特征

从外在可观察的学习表现来看,幼儿的深度学习有如下典型特征。

1. 主动与专注

首先,幼儿的深度学习表现为在内在动机的驱动下积极主动地开启学习或参与学习活动。其次,在学习过程中,幼儿会主动掌控和调整自己的学习进程,并为了学习积极调用各方面的资源与力量。最后,幼儿在深度学习状态下会表现为在较长时间内专注于一项学习主题或学习任务,持续探索。

2. 操作与交流

幼儿的学习以直接经验为基础,离不开直接感知、亲身体验和动手操作。操作是幼儿深度学习中不可或缺的一个环节,可以在学习进程的开始,用以丰富幼儿体验,也可以在学习进程中间,用于应用或检验所学知识,还可以在学习进程结束时通过操作综合应用所学内容,尤其是在生活操作中进行创新应用。

社会性互动是幼儿深度学习的一个支持性要素。在同伴合作与交流中,幼儿能够扩展思维,从多角度认识事物。在交流中出现意见不一致,产生认知冲突的情况下,幼儿之间会进行辩论或讨论,加深学习。"组织自己的想法,并设法向别人说明,或是设法说服别人,都是一种重要的思维过程。科学家许多重要的科学思想常常是在交谈和辩论中产生的,激烈的讨论和辩论会激发新的思维。"[2]

3. 联系与建构

在深度学习过程中,幼儿会建立起新知识与已有经验之间的联系,

---

[1] 王小英,刘思源. 幼儿深度学习的基本特质与逻辑架构 [J]. 学前教育研究,2020 (1): 4.

[2] 韦钰,罗威. 探究式科学教育教学指导 [M]. 北京:教育科学出版社,2006: 49.

形成自己的理解，表现为顿悟或个人理论的形成。我们常说，学习是一个日积月累的过程，也是贯通的过程。贯通事实上就是新旧经验联系与建构的过程，也是知识与经验相互转化的过程。布鲁纳曾说，"学习结构就是学习事物是怎样相互关联的"[1]。

4. 批判与反思

在深度学习中，幼儿会就学习内容提出不同的看法，也会对自己的学习过程进行反思与评价。批判与反思贯穿幼儿深度学习的全过程。反思意味着反复思考（深思、审慎思考）、反身思考（以自身的经验或行为作为思考对象）和返回去思考（对已经发生或完成的事件或行为进行思考）[2]。

5. 迁移与应用

幼儿会将所学知识迁移应用到新的情境中，去解决新情境中的问题或完成对新情境的改造。学习的目的与本质是参与人类共同体的实践活动，建立个体与社会共同体之间的联系是学习中的重要任务。深度学习是有意义的学习，这里的意义不仅是对个体的意义，也体现为对社会的意义。幼儿能够在新的生活情境中迁移应用所学内容意味着把握住了所学内容的实质，并且能够对所学内容的要素进行重新组合，创造形成新的模式。应用不仅是用于解决生活中的真实问题，也可以是对外部世界的主动改造，以形成新的更美好的生活样态。

6. 形成和运用高阶能力

在深度学习中，幼儿会形成和运用高阶能力。一方面，幼儿会在记忆和理解的基础上，以及在应用的过程中，使用分析、评价、创造的认知技能。另一方面，幼儿会在学习过程中展现良好的与人协作、沟通及自我管理能力。

---

[1] 布鲁纳. 教育过程［M］. 上海师范大学外国教育研究室，译. 上海：上海人民出版社，1973：5.

[2] 陈佑清. 反思学习：涵义、功能与过程［J］. 教育学术月刊，2010（5）：5-9.

案例分析

清华大学脑与智能实验室的克里斯蒂·斯特拉（Christie Stella）博士在演讲《为什么孩子比人工智能聪明》中提出了一个问题：小孩和人工智能，谁更聪明呢？她认为小孩更聪明，理由有三个。第一，小孩比人工智能的适应性更强。人工智能可以在规则不变的情况下胜过人类，但是在规则改变后，其学习不如小孩快。第二，小孩利用小数据学习，人工智能利用大数据运算。小孩看几个球就可以认出什么是球，什么不是球。人工智能需要几亿张人脸的学习，才能实现人脸识别。第三，小孩识别不明确模式的能力比人工智能更强。小孩能够做到根据情境需要说"谢谢"，人工智能在规则不明确的情境中不能灵活地使用"谢谢"。小孩能够把学得的知识应用到新的情境中，进行类比思维。这样的比较是否足以证明小孩比人工智能更聪明暂且不论，但其论据足以说明，小孩可以在变化与复杂的情境中进行建构学习和迁移应用，具备深度学习能力。

该演讲还谈到了中外教学和游戏效果比较的实验。在实验中，实验者请3岁的孩子玩一个游戏，孩子需要想办法让这个机器发出声音。其中一半的孩子是由大人教，一半的孩子是自己玩，没有大人教。国外的实验结果发现，大人教的那组孩子和自己玩的那组孩子表现一样好。国内的实验结果是——在大人教孩子的情况下，我们的孩子和国外的孩子表现一致，都很棒。但是孩子自己玩的情况，在5分钟以内，我国孩子探索的次数比国外孩子探索的次数低。克里斯蒂·斯特拉博士得出的结论是我国幼儿游戏的机会比较少。我们从实验中还要反思，成人的教为什么没能比幼儿的自发游戏产生更大的发展效应呢？理论上讲，教学带给幼儿的发展效益应该优于幼儿的自发探索获得的经验。国外大人教的一组应好于幼儿自己玩的那组才能说明教的必要性。如果国内被大人教过的一组再次参与自己玩的实验，是否会在后续的游戏中表现出更充分的探索和学习呢？我们究竟应该如何教，才能引发幼儿更多的主动学习呢？

第二节 教学活动的内涵与功能

一、内涵

教学活动是教育者主动地、在一段时间里围绕特定主题、有目的、有计划地组织和引导幼儿学习，相对集中地影响幼儿的活动过程。好的教学能够帮助学习者在短时间内取得较大的学习进步。教学活动包括目标、内容、过程、方法、师幼互动、资源、环境、结果与评价等多种要素在内。其中，资源包括操作材料、媒介资源和环境中可直接用于活动使用的资源等，环境包括物质环境与精神环境两方面，评价包括对教学过程的评价和对教学结果的评价。各要素之间的关系如图1-1所示。

与生活和游戏活动相比，教学活动中教师对幼儿的影响相对集中、明确，且计划性与组织性更强。在生活和游戏活动中，教师要基于幼儿的表现顺势引导，教师引导的目的、内容与方法都具有随机性，且过程与结果具有更多的不可控性和分散性。与之相反，在教学活动中，教师预先设定活动目标，选定内容主题，对活动过程与方法进行了预先的设计与组织，对活动资源与环境提前进行选择与准备，对活动结

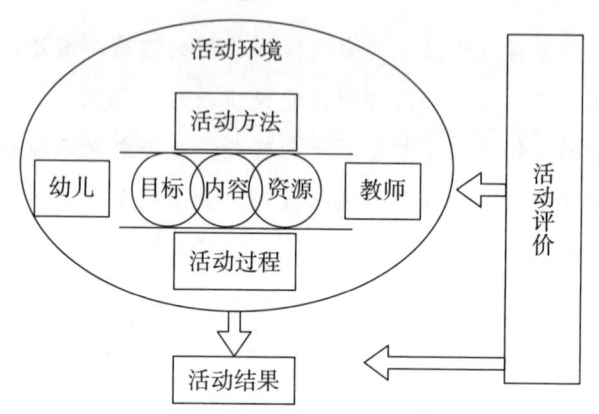

图 1-1　教学活动要素系统示意图

果也有明确的期待与评价。教师与幼儿在教学活动中是双主体，教师不只是简单地等待与跟随幼儿的表现，而是在活动过程中持主动姿态。一方面，教师预先规划幼儿的学习轨道，引导幼儿围绕预先选择与组织好的内容和过程进行学习；另一方面，教师会在观察幼儿学习表现的基础上主动地发起与幼儿的互动，对幼儿的学习活动进行组织与指导，并根据幼儿的学习情况灵活调整教学安排与指导方式等。

从人员组织形式上来看，教学活动可以是集体、小组和个人多种组织形式。从内容组织形态上来看，教学活动可以是分领域教学活动和综合主题教学活动两种类型。以往，人们常常将教学活动等同于集体教学活动，甚至等同于分领域集体教学活动。这样的认识是片面的、错误的。无论是面对全班幼儿，还是面对人数较少的一组幼儿，甚至是个人，教师都可以开展教学活动，主动对幼儿进行有目的、有计划的学习安排与指导。其中，内容主题可以侧重某一学习与发展领域，也可以是围绕某一主题的综合性内容；教学活动可以是单次的，也可以是连续多次。

二、功能

教学活动的功能是多样的，且在幼儿园众多活动类型中具有不可替代的作用。幼儿可以通过多种途径学习，包括生活、游戏和教学等。其中，教学对幼儿的学习具有以下突出的支持作用。

（一）点燃作用，激发幼儿的学习动机

教学活动具有点燃作用，能够激发幼儿的学习动机。尽管幼儿天生好奇好问，但是幼儿对事物的关注并不总是自动、自觉的。教学活动可以有意地向幼儿展示人类客观世界的奥秘与精神世界的文明，唤起幼儿对外部世界的好奇，帮助幼儿建立与外部世界的连接，增强幼儿的学习热情，支持幼儿对学习内容进行持续探索与思考。

（二）引入作用，扩展幼儿的经验体系

教学活动会引入新的知识经验，能够在有限的时间里最大限度地扩展幼儿的经验体系。幼儿依靠自身与外部世界的互动来获得直接经验是幼儿学习的主要方式，但这并不意味着幼儿不可以学习间接经验，甚至很多知识经验是无法通过当下的主体与环境的直接互动实现的。例如，历史事实、文学作品、艺术想象，这些都不是可直接观察和操作的学习内容。幼儿在教师的引导下学习经过社会文化沉淀和教师组织加工的间接经验，对于扩展幼儿的经验体系十分必要。

（三）梳理作用，支持幼儿的认知结构重组

教学活动具有梳理作用，能够引导幼儿重组经验体系，建构形成新的认知结构。按照皮亚杰认知发展理论的解释，个体在与环境的互动中获得新的经验，在同化与顺应的过程中求得平衡。这是个体智慧增长的实质。在新的情境中，如果个体已有的认知结构不能适应新事物的特征，个体就需要顺应环境的要求转换认知结构，向更高的认知结构发展。认知结构的转换对于个体而言是质的变化与成长的蜕变，教学活动在此过程中能够起到很好的支持作用，帮助幼儿完成经验的梳理与重组，其效果远胜于仅仅依靠幼儿自身的努力。

（四）导引作用，支持幼儿的反思与迁移运用

教学活动能够对知识进行解构，让学习者认识到知识的本质与变式，进而指导学习者从不同的角度对知识进行反思。同时，教学活动能够给学习者提示，帮助学习者意识到所学知识与其他生活或社会情境的联系，并进行迁移应用。

（五）助推作用，支持幼儿的自主探究与共同学习

少教多学是我们对高质量教学活动的期待。并且，在终身学习时代和信息化社会，我们每个人最终都要走向自主探究和共同学习的道路。教学活动能够助推我们的自主探究和共同学习，帮助我们明晰学习方向，教会我们学习方法，并为我们提供丰富的学习资源和可靠的学习评价。对于缺乏足够学习经验的幼儿来讲，教学活动就像幼儿在自主探究与共同学习道路上遇到的"加油站"。幼儿可以在教学活动中获得丰富的信息与资源，掌握便捷的学习方法，回顾和检验之前的学习道路与学习成果，进一步增强学习动力。

第三节　支持幼儿深度学习的教学改革

一、必要性

重塑教学活动是深度学习理念给我们带来的共同期待。为深度学习而教，已经成为不同学段广大教师们的自觉追求。

首先，面向幼儿的教学活动亟待改革。当前的幼儿园教学活动不能有效地支持幼儿学习，且表现出"简单小学化"和"表面游戏化"两种错误倾向。"简单小学化"倾向的教学活动以牺牲幼儿的学习热情和损耗幼儿的学习能力为代价，带给幼儿短期的训练成果，其错误不

言而喻。"表面游戏化"则是以一种热闹的游戏方式进行似教学般的活动，但往往其中只有教师个人奋力的教，而没有幼儿的学，教与学停滞于表面联系，没有深层互动。如杜威所描述的"糖衣"教学那样，"用机巧的方法引起兴趣，使材料有兴趣；用糖衣把它裹起来；用起调和作用的和不相关的材料把枯燥无味的东西掩盖起来；最后，似乎是让儿童在他正高兴地尝着某些完全不同的东西的时候，吞下和消化一口不可口的食物"[①]。这正是当前很多幼儿园教学活动的生动写照。如何包裹外在的"糖衣"是教师们在教学活动中努力的方向，而对幼儿吞下的"那口食物"并没有做真正有用的加工处理，以至于对幼儿是否会因此"消化不良"丝毫不知。无论是分领域的教学活动，还是综合的主题教学活动，幼儿园里的很多教学活动模糊一团，教师只是在表面上完成了教的动作，并不清楚幼儿在其中的学习进展，遑论支持幼儿的深度学习。已有研究指出，幼儿在集体教学活动中使用深度学习方式的频次很少。幼儿在集体活动中深度学习欠缺，这并非都是集体教育活动本身的形式局限造成的，教师没有设置不同层次的教学目标，师幼互动形式化，教师的提问低认知水平，才是幼儿难以建立新旧知识之间的联系、难以迁移经验解决实际问题、难以进行思维加工的真正原因。因此，幼儿在集体互动中能否进行深度学习，集体教育活动中的教师行为有重要影响。[②] 但是，很多幼儿园并不追问教学活动低效的真正原因，而是"怪罪"教学活动形式本身，直接取消了幼儿园中的教学活动，致使幼儿更难以获得有效的学习支持。

其次，幼儿园教学的目标应定位于幼儿的深度学习，以促进幼儿深度学习为目标来开展教学。如果教学止步于带领幼儿进行浅层学习，那么教学在信息化社会就失去了存在价值。随着信息技术的发展，幼

---

① 杜威. 学校与社会·明日之学校 [M]. 赵祥麟，伍钟印，吴志宏，译. 北京：人民教育出版社，2005：127.
② 徐慧芳. 深度学习对集体活动和区域活动中幼儿使用科学学习方式的影响 [J]. 教育科学，2019（2）：72-77.

儿可以很方便地搜索自己需要的信息或问题的答案，并通过图像或视频了解相关信息。网络上各种资源平台带给幼儿的便捷感和可信度甚至超过了身边成人所能给予的。如果教师在教学中满足于浅层次的知道和记住，那么教师在信息化社会就不具有教的优势。甚至，幼儿与家长可以反过来帮助教师搜集信息，替代教师的功能。长期处于浅层学习状态下，教师和幼儿都只能被动地应付当下生活，教师会失去职业幸福和专业发展，幼儿则会失去应有的发展和未来竞争力。

最后，幼儿的深度学习需要教师的教学引导。幼儿在生活和游戏中可以进行自主学习，但需要教师教学的引导与助推，以增加深度学习的机会。从理论上来讲，教师的教学引导是幼儿深度学习发生的必要条件之一。众多的深度学习研究指出，深度学习是一种复杂的学习活动，是幼儿个体无法独立完成的，必须依靠教师的引导。良好的思维能力需要相应的教学支持，包括一系列有针对性的练习。通过恰当的教学条件支持，学习者的高阶思维能力是可以培养和训练的。[1] 基于此，一些研究在深度学习的定义中就囊括了"教师指导"这一条件。例如，我国王小英教授等在研究中指出："幼儿深度学习是幼儿在教师的引导下，围绕着富有挑战性的活动，能够在较长的时间内全身心积极投入到活动中，并且能够发挥同伴间的合作与探究，运用其高阶思维，迁移已有的经验，最终实现问题解决的一个有意义的学习过程。"[2] 郭华教授等在著作中明确指出，"深度学习是教学中的学生学习而不是一般的学习者的自学，因而必有教师的引导和帮助"。[3] 在教育实践中，幼儿在生活和游戏中的自主学习带有个体差异和偶然性，并不是所有幼儿在大部分的生活和游戏时间里都能够进行主动学习。通过教师个

---

[1] 钟志贤. 促进学习者高阶思维发展的教学设计假设 [J]. 电化教育研究，2004（12）：21-28.

[2] 王小英. 幼儿深度学习的理论与实践探索研究 [M]. 北京：清华大学出版社，2021：60.

[3] 刘月霞，郭华. 深度学习：走向核心素养：理论普及读本 [M]. 北京：教育科学出版社，2018：31.

别教学、小组教学或集体教学来激发幼儿的学习热情，引导幼儿回顾、反思在生活和游戏中获得的经验，帮助所有幼儿掌握关键经验，并推动幼儿在生活和游戏中开启新的学习，是幼儿深度学习的必要路径。

二、路径

如前所述，深度学习拥有深厚的历史基础和广泛的实践基础。支持幼儿深度学习的教学改革并不是要从零起步另起高台，而是要回答一个核心问题——如何提高教学活动质量，以更好地支持幼儿的深度学习？这需要我们继承和发扬以往一些优秀的教学传统与经验，并努力回应新时代对幼儿学习与发展的期待。教学改革的核心是将教师的教与幼儿的学紧密地结合起来，实现教与学同向同步深度推进，支持幼儿有意义的学习，并促进幼儿核心素养的发展。

具体来讲，支持幼儿深度学习的教学改革应该遵循以下路径。

（一）以培养幼儿核心素养为目标

教学改革首先要解决目标方向问题。支持幼儿深度学习的教学改革自然要以提升幼儿深度学习能力为目标，但这并不是全部目标和最终目标。深度学习能力的获得离不开基础知识与技能的掌握，并且深度学习能力会应用于幼儿各方面的学习与发展中。教师教学的最终目标是培养幼儿的核心素养，促进幼儿的全面发展，使幼儿在未来能够适应和引领社会发展。学生发展核心素养，主要是指学生应具备的、能够适应终身发展和社会发展需要的必备品格和关键能力。中国学生发展核心素养，以"全面发展的人"为核心，分为文化基础、自主发展、社会参与三个方面，综合表现为人文底蕴、科学精神、学会学习、健康生活、责任担当、实践创新六大素养。根据这一总体框架，可针对学生年龄特点进一步提出各学段学生的具体表现要求。[①] 另外，要认识到学生核心素养包括了学什么和怎样学两方面的素养。

幼儿核心素养的培育应从掌握各领域的关键经验开始，包括提升学习能力在内。经验是个体素养形成的基础和初级形态。"关键经验是幼儿发展必须获得的经验，这些经验在幼儿的经验系统或经验结构中起节点和支撑作用，有利于经验的建构、迁移以及对知识的深层理解。"[②] "关键经验是课程设计者希望幼儿在活动中获得的、对达成教育目标至关重要的学习经验，是通向目标的桥梁。""对教师而言，它是一种'提示物'，指明应努力促使儿童获得的学习经验，同时，为教师观察、支持幼儿学习，为幼儿计划活动，评价早期教育实践的有效性提供了指南。所以，有人把这种关键经验称为'二级目标'。"[③]《3—6岁儿童学习与发展指南》从健康、语言、社会、科学、艺术五个领域描述幼儿的学习与发展，《幼儿园教育指导纲要（试行）》也将幼儿园教育内容划分为了同样的五个领域，其中科学领域包括科学与数学，艺术领域包括美术和音乐。每个领域的目标不仅涉及该领域的基础知识与能力，也关照到了幼儿的学习品质。幼儿可以通过生活、游戏、教学和环境多种途径获得多领域的关键经验，但教学无疑是其中不可或缺且效果显著的途径。在教学活动设计与实施中，教师应将幼儿多领域的关键经验作为确立教学目标与选择教学内容的首要依据，并认识到幼儿关键经验的获得与核心素养的培育需要幼儿深度学习的支持，将深度学习过程与方法的掌握也作为教学目标与内容的一部分。

（二）以学习者为中心设计与实施教学

支持幼儿深度学习的教学改革必然要以幼儿为中心。首先，教师

[①] 核心素养研究课题组. 中国学生发展核心素养 [J]. 中国教育学刊, 2016 (10): 1.
[②] 叶平枝. 在幼儿教育课程改革背景下重新审视关键经验的意义、内涵与特征 [J]. 学前教育研究, 2008 (11): 11.
[③] 冯晓霞. 幼儿园课程 [M]. 北京: 北京师范大学出版社, 2001: 3, 190.

应根据幼儿的学习需要适时地开展教学活动，为幼儿提供有效的学习支持，促进幼儿的深度学习。近些年，我国幼儿教育工作者广泛重视对幼儿学习的观察与分析，例如学习故事在一些地区流行，大多数幼儿园坚持对幼儿游戏进行观察与记录等。遗憾的是，很多幼儿园在观察幼儿学习的基础上，止步于欣赏幼儿在游戏和生活中的自发学习，并没有采取进一步的行动来支持幼儿深度学习。我们建议教师们在观察与分析幼儿已经发生的自发学习的基础上，进一步分析幼儿的学习需要，结合幼儿核心素养培育要求，适时开展相应的教学活动，拓展、延伸或重组幼儿的学习，支持幼儿深度学习。

其次，教学活动设计与实施应以幼儿的学习逻辑为内在线索，并将外在可观察的教学活动的组织逻辑与内在可知觉的幼儿学习逻辑统一起来。长期以来，我国幼儿园中的很多教学活动不顾幼儿的学习逻辑，只简单地遵循教学活动自身的形式逻辑。这样的教学活动看起来热闹有趣，且教师投入颇多，但幼儿只是教师"表演"的配角或道具，并没有发生学习，或者说学习是片段的、零碎的，对幼儿经验成长的贡献甚微。这与教师的专业能力不足有关，在根本上系教师教学设计逻辑的偏差。教师在教学设计与实施中关注更多的是教学活动本身是否精彩和顺利，而不是幼儿学习的有无与深浅。

具体来讲，教学活动中内在的幼儿学习逻辑和外在的活动组织逻辑的统一表现为以下四点。

第一，教学应能够发挥幼儿的主体性，激发幼儿的内在学习动机与热情。在整个教学过程中，幼儿应积极表现"我要学"的姿态，而不是"要我学"的无奈。

第二，教学内容应建立在幼儿已有经验的基础上，且促进幼儿新旧经验之间的联系，帮助幼儿建构自己的经验体系。教师应在确立目标和选择内容之前预先分析幼儿的已有经验，在活动过程中使用有效的策略帮助幼儿理解新的学习内容，建构自己的经验体系。

第三，教学过程应按照幼儿认识事物的顺序和学习规律来设计与组织。这需要教师了解与尊重幼儿的认识顺序与学习规律。幼儿以直观行动思维和具体形象思维为主,其学习带有直观性与外显性特点,这为教师观察和分析幼儿的学习进程提供了便利。教师在教学过程中应随时观察和分析幼儿的学习进程与学习状态。

第四,教学方法与策略的使用符合幼儿的学习特点,能给予幼儿充分的动手操作和与人交流的机会,以及形成和运用高阶能力的机会。幼儿需要听教师讲授新知识,也需要通过动手操作和亲身体验来理解新知识。

(三)立足生活开展教学活动

一直以来,我们倡导教学联系生活。但是,在以往的教学实践中,我们在处理教学与生活的关系上遭遇了两种困境。第一种困境是将教学等同于生活的复制,在教学活动中以一种虚构的方式重复生活活动。例如,在教学活动中教师利用桌椅组织幼儿表演生活中乘坐电梯的情节,试图教幼儿乘坐电梯的注意事项。但是,脱离真实的乘坐电梯的生活情境,幼儿常常只是配合教师做出相应的动作,无法理解教师提出的注意事项。复制生活的教学活动无法为幼儿提供真实、直观的经验,更难以重组或提升幼儿的生活经验。这样的教学活动毫无存在的意义,消耗幼儿的精力,无法促进幼儿的学习。第二种困境是教学脱离生活,不顾幼儿当下的生活需要,通过对个体的训练来为未来做准备。当前带有"小学化"倾向的教学活动是此种困境最鲜明的体现,尽管以杜威为代表的中外学者反复批评这种带有灌输和训练色彩且以"准备"为取向的教学活动,但今天仍广泛存在于幼儿园中。在此类教学中,幼儿被动地接受教师的言语与行动指令,学习停留在以记忆为主的浅表层次,鲜有深度学习。

事实上,生活既可以指一种场域或一类活动(区别于教学或学习活动),也可以指个体存在的一种状态,同时适用于教学或学习活动中。立足生活开展教学活动,促进幼儿的深度学习,包含三个方面。

第一，教学应区别于生活，具有生活指导与应用价值。首先，教学内容应来源于生活，并应用于生活。教师可以从各领域的关键经验出发选择教学内容，但需要联系幼儿的生活经验对关键经验进行加工，使其成为对幼儿有亲切感的内容，且适宜幼儿园本土和当前时代发展。同时，教师可以从生活出发生成教学内容，但应确保教学内容能在一定程度上扩展幼儿的已有经验，有助于幼儿核心素养的获得。无论是从目标出发选择内容，还是从生活出发生成内容，教学内容都应对幼儿的生活产生指导与应用价值。教学内容应着眼于对生活的改造和生活问题（包括当前全球化社会中的大问题和日常生活中的小问题）的解决。其次，教学过程应结合生活情境展开，并包含生活应用环节。通常，教学活动的初始环节为激活幼儿的生活经验，激发幼儿学习的内在动机。接下来，教师可以借助实物、语言、图片和音视频以及亲身体验等多种策略支持幼儿联系生活进行学习。在结束环节，教学应组织幼儿进行学习总结与生活应用，强化幼儿的经验重组，并回归生活。这样幼儿很容易在教学内容与自身经验之间建立起联系，并在生活中运用新获得的知识，实现有意义的学习。

第二，幼儿应积累生活经验，为学习做准备。教学内容要解决"知识—经验—知识"的转化问题，并处理好教师的教与幼儿的学之间的关系。立足生活开展教学，并不单指教师要立足生活计划与实施活动，幼儿也需要立足生活计划和参与活动。教师要加工知识，使知识与幼儿的生活经验建立起联系。幼儿也需要积极主动地进行经验的重组与整合，形成个人知识。同时，教师与幼儿都应持生成性思维，对知识与经验的转化保持开放性，不断发现和总结世界的新知识与新经验。"我们必须警惕的是，与知识权威同步增长的是知识'活力'的丧失，尤其是当一种知识成为权威、形成逻辑、系统固化之时，它便会与生活、与社会无形中隔离起来，转化为自成一体、自我运转的封闭符号系统与知识点网络。一旦知识成为生活的'符号'，失去了活性，那么由这些知识组成的'课程'与学生心灵间的距离就会越来越远，难以成为激活学生思维与体验的'酵母'。"①

第三，教学要成为师幼有意义生活的一部分，强调教学中的人文关怀以及教学的社会属性。教学不应只是为了创造教学之外的美好生活，本身就应是师幼当下体验和创造的美好生活。为此，教学不能只是从认知取向出发进行设计，还要考虑道德与审美取向的处理。在道德层面，教师和幼儿应互相尊重，抱有饱满的教学热情与学习热情。教学活动应是师幼社会交往与幼儿同伴交往的过程，是人与人的对话与意义的生成。教学过程还应进行审美化处理。无论是从看得见的物质环境与材料上，还是从师幼互动的过程体验上，教学都应带给人积极愉悦的审美体验。教学成为师幼有意义生活的一部分，实际上体现的是"对教师和学生作为完整人的关怀，是对教师与学生的生活意义的关怀，而非仅仅是对学生和对知识、智力的关注。只有这样，教师才会关注学生的存在状况，会采取人道的教育方式，会在传授知识的过程中追求人的道德、审美和自由精神，学生也会在领悟知识和体验生活的过程中自主成长"。②

（四）开展以深度学习为导向的深度教学研究

教师自身拥有深度学习的经验与方法，是教师理解和指导幼儿深度学习的前提。我们应坚持开展对深度学习的研究，并以深度学习为导向开展深度教学研究。第一，教师可以在班级中注意观察幼儿的深度学习发生与否，分析幼儿深度学习的发生条件与机制，并积极开展以促进幼儿深度学习为目标的教学活动，在教学实践中总结深度教学经验。第二，幼儿园可以围绕深度学习与深度教学开展教研活动，在教学实践交流中总结深度教学的路径与策略。同时，幼儿园教研工作者应学习和掌握成人学习理论，遵循教师深度学习的机制与规律来研

---

① 王爱玲. 走向"生活·生成·生命"：当代教学理论新趋向 [J]. 教育学术月刊，2022（6）：88.

② 迟艳杰. 教学意味着"生活" [J]. 教育研究，2004（11）：34.

究教研活动，推进深度教研。第三，区域教研人员和教育研究工作者应对幼儿和教师的深度学习、深度教学和深度教研开展深入研究，基于研究推进深度教研，在深度教研中提升教学活动质量，促进幼儿的深度学习。

目前，我国对幼儿深度学习、幼儿园深度教学和深度教研的研究都不够，数量较少，且尚未形成体系化的研究。很多幼儿园的教研停留在浅表层次，对教师的学习规律与特点考虑较少，甚至不能为教师提供可靠的学习内容，教师在其中多为经验输出和活动参与，并没有进行有效和充分的学习。针对教学活动的观摩和研讨事实上是我国幼儿园教研的传统主题与日常活动，可惜现实中常见观摩多、研讨少的现象，研讨未能有效促进教师对教学的深度研究与学习。从深度学习视角对幼儿园教学活动和教研活动进行研究，未来应成为我国学前教育研究中的重点方向之一。

第二章

教学活动中如何支持幼儿的深度学习

为支持幼儿的深度学习，幼儿园教学活动应做立体交互连续式设计，围绕教学内容，纵向深度推进幼儿学习，横向灵活扩展幼儿学习，并通过社会交往增强幼儿学习的意义感，追求深度教学。深度教学不同于以往教学活动中单线单向断点式的设计与组织，对幼儿园教学活动目标、内容、过程与方法等都提出了新要求（见表2-1）。

表2-1　深度学习理念下立体交互连续式教学设计要点及与单线单向断点式教学设计的比较

	立体交互连续式教学设计	单线单向断点式教学设计
目标	形成目标纽链，建立多维度多层次立体目标	目标维度不全面，且每一维度只有一种层次要求
内容	内容聚焦特定主题且可扩展	内容单薄难扩展，内容之间缺乏紧密联系
过程	环节安排契合幼儿的学习进程，能够保障幼儿学习的连续性；师幼之间及幼儿之间的互动积极、丰富，且能够支持幼儿的学习	环节间的联系比较松散，且环节安排与幼儿的学习进程不契合；师幼之间及幼儿之间的互动较少，幼儿更多的是接受教师的信息与指令
策略	多样、灵活、有效	单一，效果有限

第一节　教学目标的确立与表达

在教学活动设计与实施中，教学目标是出发点与归宿，也是"定海神针"。教学目标体现的是教学活动的价值追求，是教学活动主体预先计划通过教学活动达成的结果，是可明确界说的对幼儿学习结果的预期。清晰适宜的教学目标不仅能够防止教学活动流于盲目或散乱，还能够作为评价幼儿学习结果和教学效果的依据，据此调整幼儿学与教师教的过程，引导幼儿深度学习。

一、教学目标的层次、构成与表述

（一）层次

从层次来看，教育目标依次包括教育目的（总体要求）、培养目标（各级各类教育的总要求）、课程目标（又可分为课程总目标、学科课程目标、学段课程目标）、教学目标（又可分为学年教学目标、单元教学目标、课时教学目标）。① 不同层级的目标应形成系统的目标体系，使教育目标得以逐层落实。通常，长期目标与总目标的表述偏概括，短期目标与教学目标相对更加具体。

教学目标的设立既要考虑落实学前教育整体目标、幼儿各领域发展目标和分年龄段目标、幼儿园教育工作学期目标，又要结合具体教学内容和参与教学活动的幼儿的发展水平与特点。多次教学活动目标之间应具有连续性和递阶性。

> **拓 展 阅 读**
>
> 幼儿园保育和教育的主要目标是：
> （一）促进幼儿身体正常发育和机能的协调发展，增强体质，促进心理健康，培养良好的生活习惯、卫生习惯和参加体育活动的兴趣。
> （二）发展幼儿智力，培养正确运用感官和运用语言交往的基本能力，增进对环境的认识，培养有益的兴趣和求知欲望，培养初步的动手探究能力。

---

① 张菁．三维目标：从课程层次到教学层次 [J]．当代教育科学，2012（11）：17-19．

> （三）萌发幼儿爱祖国、爱家乡、爱集体、爱劳动、爱科学的情感，培养诚实、自信、友爱、勇敢、勤学、好问、爱护公物、克服困难、讲礼貌、守纪律等良好的品德行为和习惯，以及活泼开朗的性格。
>
> （四）培养幼儿初步感受美和表现美的情趣和能力。
>
> ——《幼儿园工作规程》（2016）

（二）构成

教学活动目标应全面。从内部构成来看，教学活动目标通常包括知识与技能、过程与方法、情感态度与价值观三个维度的要求。2001年教育部印发了《基础教育课程改革纲要（试行）》，其中强调国家课程标准应体现国家对不同阶段的学生在知识与技能、过程与方法、情感态度与价值观等方面的基本要求。自此，我国基础教育各学科教学目标常用三维目标分类框架。

- 知识是人们在改造世界的过程中获得的经验总和，包括事实、概念、原理、规律等。知识可以分为事实性知识、概念性知识、程序性知识和元认知知识等类型。知识的掌握程度参考安德森改进后的认知层次理论，可以区分为记忆（remember）、理解（understand）、应用（apply）、分析（analyze）、评估（evaluate）和创造（create）[1]，也可以按照基础教育课程改革中的要求分为了解、理解和应用三个层次。

- 技能指完成任务所需要的活动方式，包括智力技能和动作技能。技能目标一般分为模仿、独立操作和迁移三个层次：模仿是指在原型示范或指导下，对提供的对象进行模拟、修改等；独立操作是指独立

---

[1] 安德森，克拉思沃尔，艾拉沙思，等．布卢姆教育目标分类学：分类学视野下的学与教及其测评（完整版）[M]．蒋小平，张琴美，罗晶晶，译．北京：外语教学与研究出版社，2009：4．

完成操作，进行调整与改进，尝试与已有技能建立联系等；迁移是指在新的情境下运用已有技能，理解同一技能在不同情境中的适用性等。①

● 过程指实现目标所经历的活动程序，方法是活动过程中所采用的行为方式。过程与方法目标分为经历、体验和探索三个层次。经历是指知识形成的过程，独立或合作参与活动，获得初步经验，建立感性认识。体验是指知识的形成，并能对知识进行一定解释和应用的过程。探索是指应用所获得的知识探索发现问题、分析和解决问题的过程。②

● 情感是人对客观对象的心理反应，包括积极情感与消极情感。态度是个体对客观对象做出反应时的一种心理倾向。价值观是个体对事物的价值判断，以及在认识过程中表现出的价值取向。情感态度与价值观目标一般分为感受、认同、内化三个层次，感受是建立感性认识的过程，认同是指经历学习活动后表达感受、态度及价值判断等，内化是指确立相对稳定的态度，表现出持续的行为。③

（三）表述

不同维度的教学目标有不同的表述方式。知识与技能目标属于结果目标，其表述一般采用行为目标取向的表述方式。行为目标是以幼儿具体的、可被观察的行为表现来确定目标，表示的是通过教学活动幼儿所发生的行为变化与结果，具有客观性和易操作性。参照美国学者马杰提出的 ABCD 法，"行为目标分为四个要素：学习者、行为、条件和程度"④。例如，在玩水的过程中（条件），初步（程度）了解（行为）关于水的特征。行为目标的表述要求明确具体，且可理解与可

---

① 徐学福. 教学论 [M]. 北京：人民教育出版社，2012：117-118.
② 同①：118.
③ 同①：118.
④ 徐继存，赵昌木. 现代教学论基础 [M]. 北京：北京大学出版社，2008：55.

评估。但行为目标并不是越具体越好，应在目标的概括化与具体化之间寻求合适的度。

钟启泉等在《基础教育课程改革纲要（试行）解读》中指出，"过程与方法目标""情感、态度、价值观目标"是采用体验性目标或表现性目标的方式，"即描述学生自己的心理感受、体验或明确安排学生表现的机会，所采用的行为动词往往是体验性的、过程性的"[1]。例如，在表述不同层次的情感态度体验时，感受层次"常用的行为动词是感受、感悟、聆听、参观、观摩、访问等"，认同层次"常用的行为动词是接受、同意、采纳、拥护、怀疑、抵制、反对等"，内化层次"常用的行为动词是养成、树立、具有、追求、塑造等"[2]。表现性目标不预先规定幼儿的行为变化，它关注的是幼儿在复杂的教育活动中的个性化和创造性的表现，追求幼儿表现的多元化，而不是同质性。

二、幼儿园教学目标确立与表达中的常见问题

（一）目标只描述教师教的内容，不预设幼儿学的结果

很多教师在教学活动目标中只是描述了教师要教的内容或要开展的教学工作，并没有预设幼儿在学习这些内容或参与教学活动后可能达成的学习结果。例如，有社会领域教学活动目标是这样写的："根据幼儿的个体差异，有针对性地为每个幼儿提供表现自己长处的机会，增强其自信心，从而带动其全面发展。"这样的目标初步指明了教师在教学中要努力的方向，但是对于这样的教学努力会带给幼儿怎样的学习结果在认识上是模糊的。例如，幼儿对什么建立起怎样的自信，幼儿在哪方面实现什么程度的发展，这些在目标中都没有具体规定。这

---

[1] 梁靖云，吕素巧. 教学目标设计初探：如何理解、设定与表述三维目标 [J]. 教育理论与实践，2014（8）：53.
[2] 徐学福. 教学论 [M]. 北京：人民教育出版社，2012：118.

样的目标只能称为"教"的目标，不包含"学"的目标，说明教师在设计教学之初对幼儿的学习关注就不够。这样的目标也很难指引教师在教学过程中支持幼儿的学习，幼儿在教学活动中的学习难以得到有效关注与支持。

（二）目标片面或割裂，偏重知识技能或过程体验

幼儿园一些教学活动的目标内容片面，只有知识技能目标或过程体验目标，没有过程与方法目标（或者将过程与方法视为教学方法），或者不同维度的目标之间没有联系，目标的全面性与整体性不佳。有学者将此称为三维目标的虚化，即基本知识和基本技能目标被弱化，过程和方法目标出现了"游离"现象，情感、态度和价值观出现了"贴标签"现象。① 问题的出现与幼儿园教师自身对三维目标的认识不足有关，也与幼儿园的教学管理偏差有关。一部分幼儿园对教师教学活动目标设计没有任何提示，对教师忽视目标全面性的问题没有干预；另有一部分幼儿园要求教师分开设置三维教学目标，管理要求本身促使教师设计的教学活动目标之间割裂。很多教师表示分别陈述三维目标十分困难。他们在教育实践中经常采用模糊对抗的方式，要么只表述其中某个维度的目标，要么挖空心思、生搬硬套地填满表格，让每个目标维度后边都"有字"。缺乏全面性和整体性的目标自然无法指导教师全面、整体地关注和理解幼儿的学习，对幼儿学习的引导表现出片面、表浅、机械等问题。

（三）目标表述空泛，与教学内容联系微弱

在教育实践中，教师会采用高度概括的方式来表述教学目标，例如"发展创造力""培养想象力"，将教育目标或课程目标直接作为一

---

① 余文森. 新课程教学改革的成绩与问题反思 [J]. 课程·教材·教法, 2005 (5): 3-9.

次教学活动的目标来使用。甚至，部分教师不考虑实际教学内容和幼儿现状，照搬参考书现成教案上的教学目标。这样的教学目标表述空泛、不具体，与实际教学内容联系微弱，甚至没有联系。空泛的目标说明教师对教学内容没有深入的分析，也无法给幼儿的学习提供明确的指引。

三、深度学习取向下教学目标的确立与表达

为支持幼儿的深度学习，教学活动目标应定位于幼儿的学习目标，做多维度、多水平立体设计，形成全面综合的目标体系与多层次有弹性的目标序列，兼具预设与生成性，构成目标纽链（见图2-1）。

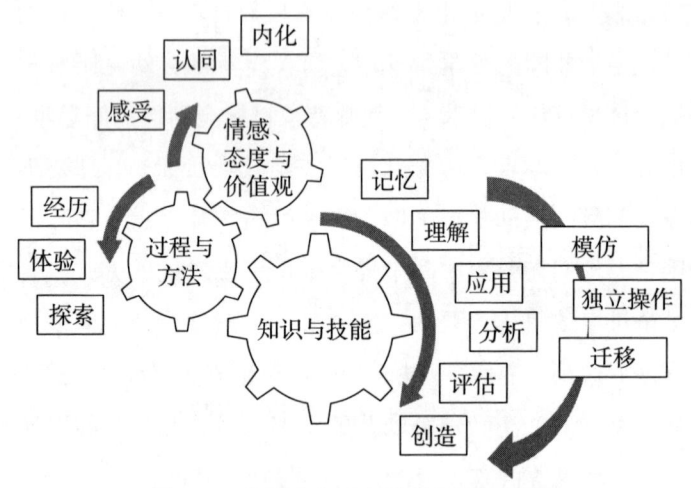

图 2-1　多维度多层次教学目标示意图

（一）应定位于幼儿学习目标，明确可观测的学习结果

教学目标要从教师教的目标转为幼儿学的目标，明确预判教师的教能够引发和促进的幼儿学习过程与结果，并将其转化为可观测的学习结果。教学目标就是幼儿学习的目标，是教师评价幼儿学习结果和

教学效果的依据。过于笼统的目标缺乏指向性，会导致幼儿陷入学习的迷雾，难以建立学习的主动性。难以操作的目标也会让教师"双眼模糊"，无法判断幼儿是否发生了学习，学习进展如何。

教学活动目标要明确具体，尤其价值观目标与方法目标要清晰。个体的学习过程与结果并不都是外显的，还有内隐的情感态度与价值观的变化，以及思维技能的运用。为了支持幼儿的深度学习，教学目标在表述时应尽可能寻找和明确内隐学习部分可间接引发的行为表现，并采用行为目标与表现性目标相结合的方式来表述目标。同时，教学目标在表述中应明确行为水平，例如行为的准确性、创造性和速度等。

（二）应融合多维度目标，形成全面综合的目标体系

教学活动目标要综合知识与技能、过程与方法、情感态度与价值观多方面的要求，并将其联系起来进行整体表述。要做到这点，教师需要对教学目标进行深入的分析，找到不同维度目标之间的联结。"任何学科的构成总是包含了知识、方法、价值这样三个层面的要素：其一，构成该学科的基础知识和基本概念的体系；其二，该学科的基础知识和基本概念体系背后的思考方式与行为方式；其三，该思考方式与行为方式背后的情感、态度和价值观。……因此，'三维目标'不是在学科之外强加于学科教学的价值追求，而是学科自身内在隐含的价值：认知价值、社会价值、伦理价值。"① 全面综合的目标体系有利于教师整体理解幼儿的学习，进而从多端切入来支持幼儿的深度学习，教学活动过程组织与方法使用也会表现出综合性的一面。

（三）应呈现多水平目标，形成有弹性的目标序列

教学目标要分不同水平层次，有弹性。一方面，目标要考虑到幼儿的不同发展水平，且预估幼儿的学习困难，使不同发展水平的幼儿

---

① 钟启泉. "三维目标"论［J］. 教育研究，2011（9）：63.

都能在其原有水平上得到相应的发展。另一方面，目标要考虑到幼儿的连续性学习，在幼儿达到一定目标水平后仍能够在教学活动中定位新的学习目标。以往单线式的教学活动期望所有幼儿达到某个水平，教学活动的组织一般也是全体幼儿同步直线推进。这既不能兼顾不同发展水平幼儿的学习需要，也不能照顾到幼儿在学习过程中的新需要。立体化教学设计要求围绕教学内容给出高、中、低三种不同水平的教学目标设计，这样有助于教师提前考虑不同发展水平幼儿的学习需要，也可以在教学进程中根据幼儿的表现及时调整目标要求。

　　单次教学活动目标应该包括本阶目标、递阶目标与进阶目标，形成目标纽链（见表2-2）。本阶目标是大多数幼儿当前通过教学活动可以实现的学习目标。递阶目标是幼儿实现主体目标之前应达成的阶段性目标。一方面，递阶目标可以帮助发展偏弱的幼儿分步骤实现主体目标，指引教师面向发展偏弱的幼儿提供更有针对性的指导；另一方面，在大多数幼儿已有经验与预设本阶目标有较大差距的情况下，递阶目标可以指引教师及时降低目标要求，调整教学难度。进阶目标是幼儿实现本阶目标之后可以进一步追求的学习目标。一方面，进阶目标可以指引发展较好的幼儿在教学活动中进一步深入学习，实现更充分的发展，帮助教师为发展较好的幼儿提供有针对性的指导；另一方面，在大多数幼儿现有经验已经超越预设本阶目标的情况下，进阶目标可以及时指导教师提高目标要求，推进教学进度。

表2-2　单次教学活动目标纽链模板

教学目标 （包括"知识与技能""过程与方法""情感态度与价值观"三个方面的要求）	
本阶目标	递阶目标
	进阶目标

第二节 教学内容的选择与组织

一、教学内容的来源

教学内容有幼儿、学科和社会三个来源。首先，幼儿当下的生活与未来的生活需要，幼儿当下的活动与兴趣，都可以是教学内容的来源。其次，幼儿园教育内容相对区分为健康、社会、语言、科学、艺术五大领域，每个领域有自己独特的学科精神、学科特点、学科知识结构与内容体系。各个领域的基础知识与技能、知识的形成过程与方法以及背后的精神与价值取向都是教学内容的来源。另外，社会是教学内容的重要来源之一。正如陈鹤琴先生所言，大自然、大社会都是活教材。自然环境的变化、社会文化中的优秀传统与当代发展成就都是教学内容的来源。

（一）教学内容的选择依据

1. 具有价值先进性与示范性

幼儿园教学内容应具有价值先进性，给幼儿正面示范，且能够在情感、态度与价值观层面给幼儿带来积极的影响。首先，教学内容的价值取向与价值立场应合乎当前社会发展的价值观念。其次，教师在基于儿童或学科立场选择教学内容时，应加入对社会维度的考量，将教学内容与社会生活结合起来，在教学中融入具有时代先进性的文化内容。例如，在数学领域比较大小的教学活动中，比较的对象可以是幼儿熟悉的玩具，也可以是社会生活中能够反映社会生活变化的房屋、交通工具、生活用品等。这样，幼儿在学会数学技能的同时，也感受到了社会的进步与发展。

2. 具有基础性与可持续效应

教学内容应该具有基础性，包括幼儿日常生活中涉及的基础知识与技能，以及各领域发展所需的基础经验。基础性的教学内容贴近幼儿的生活经验与发展水平，容易为幼儿掌握，且对幼儿当下生活和未来发展具有更重要的价值。同时，教学内容应该具有可持续效应，能够激发和支持幼儿后续的自主学习，且能够对幼儿的后续学习产生长效影响。古希腊物理学家阿基米德说过，"给我一个支点，我能撬起整个地球"，教学内容应该像这个支点，支持幼儿在其他类型活动中的参与与学习，破解幼儿自主学习中的难题。教学内容的选择还应该立足幼儿的终身可持续发展，为其未来发展奠基。就像《幼儿园教育指导纲要（试行）》指出的那样，教育活动内容的选择应体现以下原则：①既适合幼儿的现有水平，又有一定的挑战性；②既符合幼儿的现实需要，又有利于其长远发展；③既贴近幼儿的生活来选择幼儿感兴趣的事物和问题，又有助于拓展幼儿的经验和视野。

3. 具有组织性与实施可行性

教学内容选择应具有组织性。首先，幼儿教学活动内容要落实教学活动目标，应有助于幼儿掌握基础知识和基本技能，有助于幼儿掌握学习方法，提升学习能力，形成积极情感态度，丰富社会交往。其次，幼儿教学内容选择需遵循各年龄段幼儿在认知、能力、情感和社会性发展方面的一般规律，应立足幼儿的已有经验，且处于幼儿的最近发展区，以使幼儿通过学习能够掌握。最后，教学活动内容的组织安排要符合知识体系的内在逻辑和幼儿身心发展的阶段性与连续性规律，按照由易到难和由具体到抽象的顺序，组成一个有层次或有联系的内容体系。

幼儿教学内容的选择和安排还应注意实施可行性，考虑季节、节日、资源等其他一些因素，按照本地区、本园、本班的具体情况灵活安排，重视与周围社会生活的联系，善于从所在地区的自然环境、历史背景、社会设施及资源中挖掘与选择，体现地方性、乡土性。

（二）教学内容的组织方式

常见的教学内容组织方式有直线式、网络式和螺旋上升式。

1. 直线式

直线式指教学内容按照知识或技能从易到难的顺序来组织。学习者要先学会简单的知识或技能，之后再来学习更加复杂的内容。复杂知识与技能的掌握需要以前期相关内容的学习为基础。全部的教学内容按难度等级依次排列。数学领域的内容一般采用直线组织方式。幼儿园数学教学内容一般分为数、量、形、时间、空间、测量与统计等模块，每个模块的内容有先后学习的要求。以"认识几何形体"系列内容为例，不同年龄班有着不同的教学内容要求（见图2-2）。一方面，在认识对象上，幼儿要先认识简单的平面图形，再认识复杂的平面图形和立体图形；另一方面，在认识程度上，幼儿要逐步深入、细致地认识单个图形，还要理解图形之间的关系。

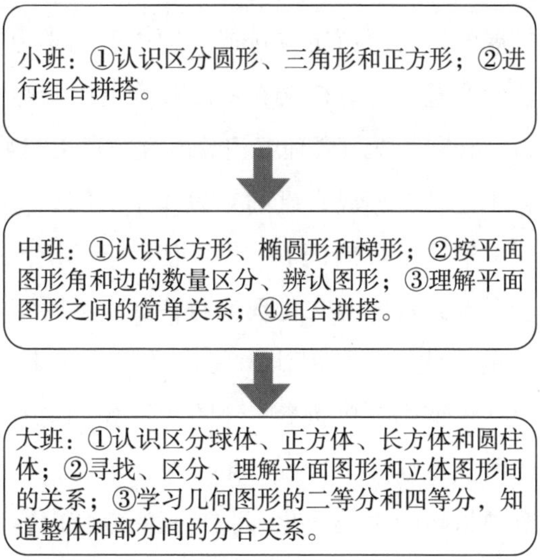

小班：①认识区分圆形、三角形和正方形；②进行组合拼搭。

↓

中班：①认识长方形、椭圆形和梯形；②按平面图形角和边的数量区分、辨认图形；③理解平面图形之间的简单关系；④组合拼搭。

↓

大班：①认识区分球体、正方体、长方体和圆柱体；②寻找、区分、理解平面图形和立体图形间的关系；③学习几何图形的二等分和四等分，知道整体和部分间的分合关系。

图2-2　不同年龄班认识几何形体内容的组织

2. 网络式

网络化的组织方式能够体现教学内容的渐进分化与综合贯通。渐进分化指首先呈现该领域或主题下最一般和最概括的观念，然后逐步呈现该领域或主题下的具体内容或细节。综合贯通则强调特定领域或主题下所有内容的整体性。二者是相互联系、辩证统一的。幼儿园主题教学活动的内容通常会采用网络化组织方式。以"我的家庭"这一主题为例，从纵向渐进分化的方向出发设计"我家的房间""我家附近有什么""上幼儿园路上"等活动，逐步分化和扩展幼儿对家及周围环境的认识；从横向综合贯通的角度出发设计"我的全家福""家庭小剧场""假如我是爸爸妈妈"等不同领域的活动，帮助幼儿认识家庭和周围环境中的人、标志、设施等，增进幼儿对家人的爱，丰富幼儿与社区其他人员友好交往的体验。这样纵横相连，形成一套主题教学活动内容。

3. 螺旋上升式

螺旋上升式指先学习某个领域或主题的基本结构，再围绕基本结构不断加深和拓展学习者对特定领域或主题内容的学习。如布鲁纳所建议的那样，让学习者尽早有机会在不同程度上去接触和掌握某门学科的基本结构，这有利于学习者理解相关内容的意义与彼此间的联系，促进学习者的自主建构，形成自己的知识体系。例如，在认识民族文化时，先让幼儿了解一个民族的衣、食、住、行、娱，进而再从每个方面分别展开，了解其具体的文化现象与特点。不同年龄班的幼儿可以先认识本民族的文化，再拓展认识其他民族的文化特点。再例如，各年龄班都有"认识四季"的内容。小班可以先知道有哪些季节，并初步感受四季的明显特征。中班可以拓展对季节特征的认识，更深入地了解不同季节动植物的生长变化等。大班的教学内容则可进一步深化，了解"动物怎样过冬"等更复杂的自然现象。

二、幼儿园教学内容选择与组织中的常见问题

（一）教学内容无意义，不能引导幼儿进行有意义的学习

一些幼儿园教师在选择教学内容时不考虑对幼儿的价值影响与幼儿的学习，仅停留在对内容有趣与否的考量上。这导致一些教学内容的价值取向模糊，甚至有偏差，给幼儿带来各种显性和隐性的消极影响。面对无意义的教学内容，幼儿不可能获得有意义的学习。

案例分析

一些幼儿园教师认为西方的万圣节中人们装扮成各种鬼怪和互相要糖好玩，就组织幼儿围绕万圣节开展主题活动。在活动中，幼儿穿上各种奇装异服，在幼儿园中进行服装表演，并忙碌地与同伴交换糖果，甚至到不同班级敲门要糖。教师带领幼儿一起喊"不给糖就捣蛋"，互相嬉闹。

活动看似热闹不已，但教师却忽视了幼儿在活动的学习，更忽视了活动给幼儿的价值观带来的潜在影响。教师没有深入分析西方节日背后的价值取向问题及其对幼儿的不利影响。事实上，西方万圣节的鬼怪装扮展现的是人类生活中的竞争关系与西方文化中个性张扬的一面，这与我们中国传统文化中主张的和谐共生与谦让有礼的价值取向不一致。幼儿在要糖过程中不断重复的那句"不给糖就捣蛋"也极有可能助长以捣乱他人的方式来获取自己想要的物品的倾向。这样的教学内容不仅无意义，还会给幼儿带来消极影响。

（二）教学内容不适宜，不能支持幼儿充分地学习

教学内容的不适宜首先表现在一些内容不适宜采用教学活动的方式，更适宜在生活中顺势引导或让幼儿在游戏中自主探究。例如，对于如穿衣、刷牙等生活技能，除了初次学习时教师可组织教学活动进行示范，后续更多地需要幼儿在生活中练习。教师应该通过步骤图等来提示幼儿操作过程，遇到个别幼儿有困难时进行个别帮助与指导。但是，在教学实践中，有些教师不考虑学习内容的性质、最优化的学习形式和幼儿的已有经验水平，幼儿在教学活动中不能进行充分的学习。

> **案例分析**
>
> 某幼儿园教师组织开展公共场所礼仪教学活动。她在活动室使用桌椅模拟生活场景，引导幼儿通过观看视频、角色扮演等方式学习在公共场所如何使用电梯，如何与人打招呼等。
>
> 这类与实际生活设施和社会交往情境联系紧密的教学活动，虽然能够在一定程度上帮助幼儿初步了解生活设施的使用和社会交往规则，但远不如在实际社会生活中的学习充分。

其次，教学内容的不适宜表现在一些内容对幼儿过难或过易。幼儿园教师习惯于面向幼儿集体组织教学活动，并常根据班内大多数幼儿的经验水平来判断内容的难易程度。事实上，同一个学习内容不仅对不同年龄班的幼儿来讲有难易区分，对一个班级内的不同幼儿来讲也有难易之别。教学内容的过难或过易都会导致幼儿不能实现充分有效的学习。

(三）教学内容组织混乱，导致幼儿学习缺乏秩序

无论是在单次的教学活动中，还是在多次的教学活动之间，都存在教学内容组织混乱的情况。部分教师对教学内容理解不足，且对幼儿的学习顺序考虑不充分，导致单次教学活动不同环节之间或多次教学活动之间的内容缺乏联系，或联系缺乏逻辑合理性。这导致幼儿在学习过程中的秩序被破坏或受阻碍，影响学习效果。

三、深度学习取向下教学内容的选择与组织

（一）选择幼儿感兴趣且有意义的内容，为幼儿深度学习提供可能

选择幼儿感兴趣的内容作为教学内容无疑是支持幼儿深度学习的一个优先举措。在兴趣的指引下，幼儿才会在学习中更好地保持主动与专注。但什么是兴趣呢？兴趣是一时的兴之所起，或是对内容附带结果或附加形式的热衷吗？如果幼儿尚没有对内容表现出兴致，这样的内容是否就不能作为教学内容呢？杜威对兴趣的解释能够很好地回答以上问题。杜威在《明日之学校》中说过："真正的兴趣只是意味着人已经投身于其中的、或发觉自己已身在其中的某一行动过程，因而他与那个过程成功地进行中所包括的任何对象和技巧是融为一体的。"[1] 真正的兴趣是自身努力和外部对象的统一，包含着意志与努力的要求。教学内容并不一定是幼儿本就关注的对象，教师可以预设内容来邀请幼儿与之互动，激发幼儿的学习行为，在此过程中幼儿表现出浓厚的兴趣。同时，幼儿的兴趣是对教学内容和学习行动自身的兴趣，而不是包装教学内容所使用的其他内容或形式，也不是学习之后的某种奖惩后果。

---

[1] 杜威. 学校与社会·明日之学校 [M]. 赵祥麟, 任钟印, 吴志宏, 译. 北京：人民教育出版社，2005：184.

有意义的教学内容是幼儿进行有意义学习的前提。最早，心理学家奥苏贝尔提出"有意义学习"来反对机械学习，强调学习的新知识要与旧知识建立联系。后来，建构主义心理学家认为有意义学习不只是认知结构的同化，还包括新的认知结构的形成。同时，他们认为有意义学习不只是对结构良好领域的初级学习，还包括对结构不良领域的高级学习。人本主义心理学家则主张有意义学习不只是认知上的变化，还有对学习者社会性和个性方面的影响。今天，美国学者芬克提出了"有意义的学习经历"这一概念，主张教学应为学生创造有意义的学习经历，强调学习给人带来的影响和人自身由学习引起的变化，并且强调影响和变化对学生融入社会具有终身价值。[①] 这要求教学内容不只是着眼于幼儿的认知变化，还要考虑对幼儿社会性和情感方面的影响，尤其要考虑对幼儿参与未来社会生活的可持续的积极影响。因此，教师在选择和组织教学内容时，要立足未来社会发展需要，着眼于幼儿核心素养的形成。

（二）教学内容要兼有集中和开放特点，为幼儿的深度学习提供空间

教学内容要有集中且稳定的主题，同时保持一定的开放性，给幼儿提供选择的机会。如果教学内容的范围过于宽泛，幼儿无法围绕特定主题进行深入学习，那么学习效果自然受到影响。如有教师围绕种植设计了教学活动，按照种植的整体流程来组织，依次包括催芽育苗、耕地松土、栽种定植、中期养护、收获品尝。教学内容涉及面很广，但是并没有就某一个流程中的具体内容展开介绍。幼儿在学习后仍然不清楚如何催芽，不了解对不同类型的植物有哪些适宜的培育方法和培育要点。反过来，如果教学内容的范围过窄，且不具有开放

[①] 宋善炎，丁向阳．"有意义学习"与"有意义的学习经历"[J]．教育科学研究，2010（3）：63-65, 69.

性，幼儿也无法进行迁移学习或进一步探索学习。例如，有数学排序活动要求幼儿操作不同颜色的小伞，学会 ABAB 排序。部分幼儿在活动开始前就能够顺利地按照颜色不同给两类事物排序了，在之后的自主操作环节，这部分幼儿只能重复操作该任务，无法学到更多的内容。

兼具集中和开放特点的教学内容可以是多层次和多向度的，以形成有组织的内容体系。这样，不同发展水平的幼儿可以选择适宜自身水平的内容，也可以在当前发展水平基础上持续学习。同时，不同个性特点的幼儿可以选择感兴趣的内容方向，进行深入学习。例如，在数学排序活动中，教学内容可以依次包括：根据物体量的差异进行正排序；根据物体量的差异进行正逆排序；根据事物的一项外部特征对两类事物进行有规律排序；根据事物的多项外部特征或数量对三类或以上事物进行有规律排序等。这样多层次的教学内容可以引导幼儿从易到难循序渐进地学习，也可以根据幼儿的现有发展水平有选择地学习。再例如，在影子主题活动中，在认识影子之后，喜欢艺术的幼儿可以选择画各式各样的影子，喜欢科学探究的幼儿可以开展各种实验来探索影子的变化。

第三节　教学过程的组织与安排

一、教学过程的一般阶段

教学过程是教师围绕教学内容和幼儿互动，促进幼儿学习与发展的过程。要组织开展教学活动，教师应对教学过程做出计划，做好组织准备。在制订教学计划时，教师不仅要考虑教学目标的实现和幼儿的发展现状，还要考虑教学环境布置与现实条件，对教学环节、教学方法、教学资源等做出安排，以保证教学可按计划有序组织与进行。

同时，在教学活动实际开展过程中，教师应根据教学活动现场的情况，尤其是幼儿的学习表现，动态调整教学过程，以更好地支持幼儿的学习。总之，教师在教学过程中要实现预设与生成的统一，能够将预先计划与灵活调整相结合。

教学过程通常分为导入、学习新知、巩固应用、总结反馈等环节。导入环节一般要创设情境，引发幼儿的求知欲和学习主动性。在学习新知的过程中，教师可以采用讲解、示范等方法，也可以通过提问和设置任务的方式来驱动幼儿主动探究。在巩固应用阶段，教师为幼儿设计的操作任务既要能够巩固新知，也要拓展幼儿的认识，实现知识的迁移应用。在总结反馈阶段，教师应引导幼儿对学习过程和学习结果进行反思与评价，为进一步学习做出计划。这是教学过程的"基本式样"。分领域教学活动和主题教学活动可以根据教学内容的特点和幼儿学习需要在此基础上进行灵活调整，形成适宜的"变化式样"。

二、教学过程组织与安排中的常见问题

（一）导入环节之后即为幼儿的操作，幼儿在教学中缺少学习机会

在幼儿园教学过程中，有的教师在导入主题后，即刻要求幼儿进行任务操作，开启自主探究。幼儿只能依靠已有经验来完成操作任务。具备相应经验的幼儿能够顺利完成任务，教学成了幼儿展示自身经验或自主探究学习的过程；不具备经验基础的幼儿在任务完成过程中面临困难，只能一头雾水地跟随同伴的行动或教师的要求，教学成了幼儿疑问的开始或无效的行动。幼儿在这样的教学过程中缺少拓展学习的机会，能够获得的新经验十分有限。

案例分析

在绘画活动"毛毛虫"中,教师出示了一张毛毛虫卡通画,提示幼儿毛毛虫有圆圆的头和一节一节的身体,即要求幼儿开始画毛毛虫。大多数幼儿在创作中只能模仿教师出示的范画,无法画出更丰富的画面内容和不一样的毛毛虫造型。

这其中的原因在于教师在教学过程中没有拓展幼儿的学习,丰富幼儿关于毛毛虫的经验。从个体的绘画心理过程来看,足够丰富、多元的事物认知和审美表象能激发个体的创作表现。教师应该在引入毛毛虫主题后,通过实物或实物图片引导幼儿观察认识毛毛虫,包括不同颜色、不同姿态和生活在不同环境中的毛毛虫,并通过绘本或其他艺术作品引导幼儿了解毛毛虫的生活习性,理解毛毛虫生长背后所蕴含的破茧成蝶的文化寓意,感受不同艺术形式和不同艺术风格下毛毛虫形象的特点。只有在这样的学习之后,幼儿才可能在创作环节有丰富多样且富有创新性的表现(见图2-3)。

观察实物	观察实物的变式:动态、种类、色彩、环境	了解实物的相关常识:生活习性、社会文化	了解多种艺术创作手法与表现技巧	感受相关艺术在生活中的应用

图2-3 "毛毛虫"教学过程多层次设计

（二）巩固练习阶段只关注幼儿任务完成与否，不关注幼儿对知识的理解

在教学过程的巩固练习阶段，有的教师只关注幼儿是否正确完成了操作任务，对幼儿如何完成任务关注较少，也不关心幼儿在任务完成过程中是否真正地理解了所学知识或技能，更少基于任务操作拓展幼儿对知识的理解与应用。

> **案例分析**
>
> 在数学活动"认识单双数"中，教师出示贴有数字的玩具，要求幼儿将玩具送到单数或双数门中，以此来巩固幼儿对10以内单双数的认识。在操作过程中，有的幼儿会出错，但教师只是告诉幼儿正确的答案，请幼儿调整，并没有对幼儿进行更多的指导。
>
> 事实上，出错说明幼儿对单双数的理解不准确。即便幼儿操作正确，也不能就确定幼儿正确理解了单双数的含义。教师应该要求幼儿操作后说明自己的操作依据，以检验幼儿对单双数的理解是否正确。并且，在幼儿出错时，从单双数概念着手帮助幼儿修正认知，引导幼儿自主纠正错误，而不是简单地调整幼儿的操作方式。

（三）幼儿在教学过程中缺乏自主与交往空间，只能被动接受教师的安排

一些教学活动要求幼儿亦步亦趋地跟随教师的要求，且独立完成各项任务要求。幼儿看似在与教师和同伴互动，但实际上是被动的、孤立的。幼儿不仅没有自主选择的机会和自主探索的空间，也没有与

同伴合作交流和向教师主动发起互动的机会，难以通过主动操作和社会交往加深学习或开启不同的学习方向。

> **案例分析**
>
> 在阅读《会跳芭蕾舞的牛》的活动中，教师在电脑屏幕上逐页呈现绘本画面，组织幼儿讲述画面内容。每出现一页画面，教师就挑选一名幼儿讲述该页画面内容，并对其中的重点词语如"特别"进行解释。
>
> 幼儿看似都在跟随教师的节奏阅读绘本，但从幼儿个体的角度来看，幼儿并没有进行深度学习。首先，幼儿阅读的完整性和连续性总是被教师的选人讲述和提问打断，且教师引导幼儿关注的是语句中的个别词语信息或单个画面内容，并没有引导幼儿形成对故事的整体理解。其次，大多数幼儿在整个过程中处于等待状态，缺少表达、提问和交流的机会。如果有幼儿对画面内容不理解，教师也无从得知，因为幼儿在整个过程中没有提问的机会。即使有幼儿对画面内容有不同的理解，整个教学过程也没有给幼儿表达和交流的机会，幼儿只能接收教师所念的绘本上的文字。

三、深度学习取向下教学过程的组织与安排

（一）教学过程应是教与学过程的统一，支持幼儿深度学习

教学过程应是教师的教和幼儿的学的统一。教学过程应考虑幼儿深度学习的需要，尤其教学环节安排要顺应幼儿的学习秩序。一方面，教师教的过程可以相对区分为引入主题、学习新知、巩固应用、

总结反馈和延伸启发五个环节。教师在引入主题环节要注重激发幼儿的学习动机与学习兴趣。延伸启发环节不仅要引导幼儿将知识应用到生活、游戏等活动中，也要启发幼儿在所学知识的基础上进一步探索学习。另一方面，幼儿学的过程依次包括产生兴趣、拓展体验、主动探究、交流反思、联系应用五个环节。幼儿在兴趣和体验的基础上主动探究，在操作的基础上与教师和同伴交流，在交流中反思获得的经验，将当前获得的经验与已有经验联系起来，形成新的知识结构，并将其迁移应用到新的情境中，这正是深度学习的过程。整体上看，教师教的环节对应幼儿学的环节，为幼儿的深度学习提供关键性支持和引导（见表 2-3）。

表 2-3　教学过程中教与学的环节

教师教的过程	幼儿学的过程
引入主题	产生兴趣
学习新知	拓展体验
巩固应用	主动探究
总结反馈	交流反思
延伸启发	联系应用

教学环节除了要顺应幼儿学习的秩序，还要契合幼儿的学习方式与学习特点。幼儿处于以直观形象思维为主、抽象逻辑思维萌芽的阶段，学习以直观经验为基础。幼儿需要通过直接感知、实际操作和亲身体验的方式来学习。在教学过程中，教师应注重联系生活实际，给幼儿充分的操作机会与应用可能，让幼儿在直观的操作体验与生活应用中加深和拓展对知识的理解，建构自己的知识结构。一方面，教师可以通过设置具体情境唤起幼儿的生活经验，帮助幼儿意识到教学内容与实际生活需要的联系，引导幼儿明晰学习任务，增强学习的主动性。另一方面，教师应将实际操作和直观体验

的机会贯穿在整个教学过程中，并做到有层次地推进。幼儿的操作不局限于巩固应用环节，还可以在学习新知、总结反馈、延伸启发等环节。为支持幼儿经验的动态建构，教师在教学过程中应有意识地引导幼儿"做前听""做中想""做后说"，并在教学中给幼儿"自在用"的机会。在这个过程中，操作与应用任务可以是由教师设计好的简单任务或复杂任务，也可以是幼儿自主设计的任务。教师引导幼儿在有计划、有设计的任务中循序渐进地练习已有知识，探索未知。

（二）教学过程应有弹性，保证每个幼儿能够自主学习

教学过程的弹性设计首先意味着要灵活使用集体、小组和个人三种形式。集体教学活动并不是要幼儿在同一时间段和同一个地点内按照同样的程序学习同样的内容。集体教学活动应该被理解为"联合活动"。联合意味着每个人可以有自己的时间起止点、地理位置、学习程序，以及内容主题与角度。从内在的学习机制来看，幼儿在集体教学活动中不仅能够获得教师的指导，还受到同伴的影响。集体教学过程可以灵活地融入小组形式，保障每个幼儿的学习。小组学习可以视为减少了人数的集体教学，也同样要保障小组成员之间的联合，以及每个幼儿的学习。

教学过程的弹性设计集中体现在操作任务的设计与使用上。最好能提供不同难度水平和不同类型的任务供幼儿选择，以支持幼儿自主选择符合自身发展水平和兴趣爱好的任务。即便是小组教学或一对一教学，教师也应该为幼儿提供弹性任务设计，给幼儿自主选择任务的机会，以及有序完成多个任务的可能。

案例分析

在画向日葵活动中，教师先组织幼儿欣赏世界经典名画《向日葵》，然后提供多种绘画形式和材料供幼儿选择，包括根据活动室中间的向日葵写生和自由想象绘画，以及在立式画架上使用水粉作画和在桌面上使用油画棒或水彩笔作画。桌面作画纸张不仅有普通的白色绘画纸，还有彩色绘画纸和特殊的黑色磨砂纸。在分享交流环节，幼儿感到了不同质地、颜色纸张作画效果的差异，以及不同绘画形式的风格差异（见图2-4）。

图 2-4　画向日葵活动中的弹性任务设计[①]

教学过程的弹性化还体现在师幼互动的转变上，师幼互动应该是多向度、多中心的，教师与幼儿要保持共同思考，形成共享创生的交

---

① 案例来自北京市石景山区首钢大地幼儿园.

流氛围。以往很多教学活动的师幼互动是单向度、向心式的，即教师是中心，每个幼儿都单向地接收教师发出的信息或回复教师的提问，幼儿之间缺乏交流，幼儿在与教师的互动中也是被动的。多向度、多中心意味着每一个幼儿都可能成为交流的中心和连接点，幼儿之间、师幼之间都有互动。幼儿不只是被动的信息接受者或简单的信息回复者，也是信息的生产者、发出者和信息所蕴含的意义的生成者。这样多向度、多中心的师幼互动体现出的师幼关系是平等、民主、开放的。

第四节 教学策略的选择与运用

一、教学策略的内涵与类别

（一）教学策略的内涵

教学策略也称为教学方法。广义的教学策略包括教的策略和学的策略。教的策略是教师在"在特定教学情境中为完成教学目标和适应学生认知需要而制定的教学程序计划和采取的教学实施措施总和"[1]，学的策略是对"提高学习效率的各种活动的总称"[2]。本书中的教学策略主要指教的策略，是幼儿教师在特定教学情境中为完成教学目标和适应幼儿深度学习需要制定的具体教学措施。

（二）教学策略的类别

综合已有研究中对教学策略类型的划分，结合幼儿园教学实践与幼儿深度学习的要求，本书将幼儿深度学习中教师的教学策略分为七

---

[1] 车文博. 当代西方心理学新词典[M]. 长春：吉林人民出版社，2001：157.
[2] 胥兴春，刘电芝. 幼儿学习策略的萌芽与发展[J]. 学前教育研究，1999（5）：8.

类：情境创设策略、问题驱动策略、材料支架策略、操作探究策略、及时反馈策略、学习表征策略、评价反思策略。

1. 情境创设策略

情境创设策略指教师在教学活动中创设问题情境、故事情境或社会情境以吸引幼儿注意，激发幼儿的兴趣与学习动机，增进幼儿对学习内容的理解。对于真实的社会情境，教师在教学活动中可以借助图片、视频、语言描述和表演进行情景再现或引导幼儿回忆。如在中班数学活动"图形王国"中，教师首先创设了图形王国的故事情境："今天我们来到一个神奇的地方，叫图形王国。这个王国里的居民都是图形，他们偷偷地藏在教室里面，你们能不能找到呢？"① 教师通过创设有趣的故事情境激发幼儿对教学活动的兴趣。

2. 问题驱动策略

问题驱动策略指教师在教学活动中提出不同类型的问题推动幼儿思考，其目的在于促使幼儿从多方面和多角度理解学习内容，加深对学习内容的理解，并形成对学习过程的元思考。

首先，教师提出的问题可以进行有层次的设计，包括总问题和分步骤的小问题，或者依次推进的系列提问。例如：在小班科学活动"好听的声音"中，教师先后向幼儿提问："听听，这个瓶子有声音吗？""你有什么好办法能让瓶子发出声音呢？""你的瓶子摇摇也有声音吗？""如果我们在瓶子里装点豆子，瓶子能发出声音吗？"② 教师以追问的方式引导幼儿理解并探索声音的产生。

其次，教师可以进行不同角度的提问，包括对学习内容的提问和对学习过程的提问。例如，在美术鉴赏活动"秋风吹下红雨来"中，教师提问幼儿："这是发生在什么季节的景象？""你是从哪里看出来的？"等幼儿就第一个问题给出不同的答案后，教师的第二个问题引导

---

① 案例来自北京师范大学学前教育专业本科生徐鸣组织的中班数学活动"图形王国"。
② 案例来自全国教书育人楷模应彩云的公开课——小班科学活动"好听的声音"。

幼儿对自己的认识形成过程进行再认识，也进一步深入理解画面整体意境。

教师还可以结合学习内容和幼儿的学习过程需要进行不同形式的提问，包括开放性提问和限制性提问。开放性提问能够给幼儿开阔的思考空间，支持幼儿搜索已有经验，自主寻求答案或提出问题解决办法。限制性提问会给幼儿一定的条件或范围限制，要求幼儿做出选择性回答，优势在于问题中蕴含了对幼儿思考方向的提示，有助于幼儿集中方向思考和解决问题，劣势在于有可能限制幼儿思考的范围和自主空间。

3. 材料支架策略

材料支架策略指的是教师在教学活动中为幼儿提供多样化、多层次的教学材料以支持幼儿对问题持续深入探索。如在大班科学活动"神气的静电"中，教师为幼儿提供了吸管、塑料笔、铅笔、塑料积木片、毛绒布和碎纸屑等多种材料。[1] 这些材料能够支持幼儿持续深入探索静电现象。

4. 操作探究策略

操作探究策略指教师在教学活动中给予幼儿操作探究的机会，以支持幼儿运用多感官充分探索，了解和把握事物的性质。例如，在活动"水变干净了"中，教师为幼儿提供了饮料瓶、软管、纱布、过滤网、剪刀、纸、小勺、漏斗、口袋和小盆等材料，鼓励幼儿分组利用这些材料自制净水器，给予幼儿充分的探索时间和机会，感知水过滤的过程。[2]

5. 反馈支持策略

反馈支持策略指教师在教学活动中根据不同幼儿的实际学习情况和学习状态有针对性地进行反馈，促进幼儿个性化学习。这包括为幼

---

[1] 案例来自北京师范大学学前教育专业本科生杨曼鑫组织的大班科学活动"神奇的静电"。

[2] 陈晓芳. 幼儿科学活动设计与指导 [M]. 北京：北京师范大学，2013：214.

儿提供信息支持与情感支持。例如，在中班美术教学活动"我的好朋友"中，教师请小朋友画一画自己的好朋友，只见一个幼儿画着画着把笔放到一旁，趴在桌子上。教师立刻来到幼儿的旁边询问幼儿："你怎么了？现在感觉不舒服吗？"幼儿小声地说："我怎么也画不好。"教师拍了拍着幼儿的后背，轻声说："你画的画很有趣，老师非常喜欢。我相信你的好朋友也会非常喜欢。老师非常期待你画完之后的作品！"[①]教师在教学过程中能及时关注幼儿的情绪状态，并引导幼儿调整消极情绪，鼓励幼儿继续创作。

6. 学习表征策略

学习表征策略指的是教师在教学活动过程中引导幼儿使用多种学习表征手段与工具，帮助幼儿将思维具象化、外显化，以加强幼儿对知识的理解和建构。学习表征可以采用图示方式，如海报、思维导图等，也可以借助动作再现或戏剧表演的方式。

"思维导图是为促进思维激发和思维整理的可视化、非线性思维工具"，"绘制的过程就是对大脑知识和想法进行'碎片整理'并'不断优化'的过程"[②]。例如，在中班科学活动"神奇的花生"中，教师首先向幼儿提出讨论主题："你们知道花生有什么特点吗？""你们知道花生有哪些种类吗？""你们知道花生可以用来做什么吗？"接着，教师请幼儿分组讨论，把结果用气泡图或者其他形式的思维导图画出来，直观地表征幼儿关于花生特征、种类和作用等方面的已有认识。[③] 小组合作绘制思维导图不仅可以帮助幼儿将已有认识分类整理，还鼓励幼儿从同伴处获得新的经验，形成新旧经验、自身与他人经验的联结，对幼儿认知结构的形成有很好的支持作用。

动作表征在音乐、体育等教学活动中是非常必要的一种学习手段，

---

① 案例改编自北京师范大学硕士研究生张如婷组织的中班绘本《我爸爸》教学活动.
② 赵国庆. 概念图、思维导图教学应用若干重要问题的探讨 [J]. 电化教育研究，2012(5)：79.
③ 案例改编自深圳市龙岗区机关幼儿园本部黄晓君老师的中班花生主题探索活动.

在语言、美术、社会等教学活动中也能够与语言表达结合起来，帮助幼儿表达自己对学习内容的理解，并形成对学习内容的新认识。例如，在音乐活动中，教师可以请幼儿用动作表达自己对音乐的理解。在绘本《三只小猪盖房子》阅读活动中，教师在幼儿观看画面内容后，向幼儿提问："小猪在干什么？"接着提出任务："请小朋友做一做小猪的动作。"在故事情节进一步发展后，教师再次向幼儿提问："小猪接下来会做什么？"然后，教师请幼儿表演小猪接下来可能会发生的事。在教师引导下，幼儿用单个动作和连续性动作分别表现自己对画面内容的理解和对故事情节的预测。

7. 评价反思策略

评价反思策略指教师在教学活动中引导幼儿对探索行为和结果进行评价、反思，以提升幼儿的批判能力，帮助幼儿对知识进行重构。例如，在教学活动"晾画架"中，教师向幼儿提问："做这个底座，最关键的是什么？"幼儿分别从轮子的选择和安装、板的选择和工具的选择等方面进行反思。[①] 教师通过向幼儿提出操作过程的关键问题，积极引导幼儿对自己的操作过程进行反思和评价。

二、幼儿园教学策略选择与应用中的常见问题

（一）教学策略的针对性不强，忽视幼儿的学习状态

在当前幼儿园教学活动中，一些教师在运用教学策略时缺乏灵活性，忽视了幼儿在学习过程中的变化。比如，在绘本《我爸爸》教学活动中，教师先后呈现绘本的不同页面，向幼儿提问："你们能从封面看到什么？""爸爸现在在做什么？""爸爸现在变成了什么？"在教师提问到绘本故事的最后一部分时，有的幼儿趴到了桌子上，有的幼儿

---

① 案例来自王小英《幼儿深度学习的理论与实践探索研究·理论篇》中的案例"晾画架"。

开始和旁边的幼儿说话。教师主要运用提问策略推进教学活动的开展，虽然引导幼儿梳理了绘本故事情节，但却忽视了幼儿在学习过程中缺乏主动性，甚至出现注意力不集中等情况。教师应采取及时反馈策略关注不同幼儿的学习状态，保证幼儿学习动机的持续性。

（二）教学策略的适切性不高，影响幼儿对知识的理解

教学策略的适切性指教学过程中教学策略的使用应与教学内容的性质相契合。在幼儿园教学实践中，一些教师倾向于选择自己熟悉的教学策略，对教学策略和教学内容的契合程度关注不够，对教学内容的理解与把握也常常存在偏差，不能充分支持幼儿理解学习内容。比如，在中班音乐活动"我们的大中国"中，教师在歌词学习环节选择语言讲授作为主要策略。

教师：音乐有两段，第一段是"我们都有一个家，名字叫中国"。你们跟着老师一起来学一下这句话吧！

幼儿：我们都有一个家。

教师：哪位小朋友站起来演唱一下这句歌词呢？……

幼儿：老师刚才第一遍怎么教你唱的，你按照老师教你的唱一遍。[1]

显然，在该案例中，仅靠语言讲授不能帮助幼儿充分理解音乐。音乐活动具有"独特的审美特性"[2]，强调幼儿在音乐欣赏与学习中的审美体验和情绪感受。教师应根据音乐活动的性质，采用沉浸式欣赏的方法在情绪上感染幼儿，使用图谱等直观的方式帮助幼儿理解歌词内容、掌握歌曲节奏，增强教学策略的适切性。

---

[1] 案例来自上海师范大学硕士生张雪蕊硕士论文《农村幼儿园中班音乐活动中教师教学行为的研究》。

[2] 富宏. 幼儿园音乐教育活动设计与实施[M]. 北京：北京理工大学，2019：7.

（三）教学策略的综合性欠缺，影响幼儿知识的建构

教学策略的综合性指教师在选择或制定教学策略时需要对教学对象、教学步骤、教学情境等要素加以综合考虑，加强各教学要素之间的联系。很多教师通常从静态视角选择教学策略，没有考虑到教学活动是一个整体，各要素之间密不可分。教学策略和教学的步骤、情境、对象等要素不匹配，教师教学的节奏和流畅性便会出现问题，从而影响幼儿知识的建构。例如，有调查发现"教师在科学活动实施过程中使用的教学策略较为单一，多以交流、观察、展示为主，缺乏分类、推理、实验等策略，导致幼儿参与积极性低下且无法促进幼儿对科学知识的理解与建构"[1]。在科学教学活动中，教师在选择教学策略时需要综合考虑科学教学活动的类型、实施步骤、幼儿已有经验等，以更好地促进幼儿科学知识的建构。

（四）教学策略的灵活性较弱，影响幼儿高阶思维的发展

教学策略从动态角度可以理解为教师根据特定的教学目标对各种教学因素进行创造性选择的行为，以及在面临具体的教学情境时自觉地对这些行为不断进行监控和调整的动态过程。部分教师在教学过程中对教学策略的应用灵活性较弱，在面临教学中的新情况，特别是遇到偶发事件时，无法及时调整和选择合适的教学策略，错失发展幼儿高阶思维的契机。比如，在谈话活动中，当幼儿的谈话偏离教师预定的主题时，教师没有及时调整教学策略，导致幼儿对谈话主题的分析评价能力没有得到提升；在艺术教学活动中，当幼儿产生与众不同的想法时，教师仍按部就班地进行预定教学，失去发展幼儿创造性的机会。教师应提升应用教学策略时的灵活性，通过教学策略的及时有效调整促进幼儿高阶思维发展。

---

[1] 马小妮. 幼儿园科学活动实施困境与对策研究［D］. 延安：延安大学，2022.

三、深度学习取向下教学策略的选择与运用

深度学习是一种复杂的学习活动，包含认知、情感和社会性等方面。在深度学习的过程中，幼儿需要借助教师的支持和引导逐步达到更高水平的学习。

（一）通过情境创设策略激发幼儿学习兴趣

情境认知理论将知识视为学习者与情境互动的产物。在教学活动中，教师创设的情境可以是发生在幼儿生活、游戏中的真实问题情境，也可以是故事情境等。教师可通过情境创设吸引幼儿的注意，激发幼儿的学习兴趣，提升幼儿学习的主动性。比如，几名幼儿发现班级饲养角里的蜗牛爬行后留下湿湿的印迹，七嘴八舌地谈论起来："蜗牛的脚是软软的。""蜗牛没有脚。"教师于是来到幼儿身边问道："蜗牛有脚吗？"教师在观察到幼儿对蜗牛是否有脚这个现象感兴趣后提出问题，激发幼儿探索欲望，引导幼儿对蜗牛爬行的现象进行更加深入的思考。

（二）通过问题驱动策略发展幼儿高阶思维能力

在教学活动中，教师可以通过合理有效地设置问题，让问题成为推动幼儿发展高阶思维的"驱动器"和"脚手架"。第一，在教学活动开始时，教师可以从需要解决的"关键问题"出发，在教学过程中引导幼儿围绕"关键问题"采取多种方式解决问题；第二，在教学活动开展过程中，教师通过多样化问题设置，例如递进式问题、反思性问题、辩论式问题、假设式问题等，促进幼儿的多元思考，引导幼儿进行分析、评价、批判、反思。例如，在活动"水龙头的长鼻子"中，幼儿对使用什么工具给水龙头的"长鼻子"扎眼的问题产生争执，教师便提出一个辩论式问题："你们每个人都觉得自己的办法是最好的，能不能跟老师说一下你们的理由？"于是，幼儿开始分别表达自己的观

点。有的幼儿认为使用锥子更好，但有幼儿提出反对意见，指出锥子扎完后水流依然不大；也有幼儿指出可以使用剪刀，但同样有幼儿指出剪刀可能会把气球剪破。[1] 幼儿在阐明自己观点的过程中发展了分析、评价、综合等高阶思维。

（三）通过材料支架策略支持幼儿持续深入探索

材料是支持幼儿深度学习的重要物质基础。物质材料能够让幼儿在动手操作中感知、理解物质的性质，丰富多样的物质材料也能扩展幼儿的思路，推动幼儿学习的深入。例如，在科学活动"制作分类垃圾车"中，教师根据幼儿对垃圾车材料的不同想法提供了丰富的材料（光盘、乒乓球、纸皮、瓶盖）[2]，幼儿在探索过程中对不同材料的性质有了更深刻的理解和认识。在阅读《西游记》活动中，教师为幼儿提供了多种版本的《西游记》供幼儿阅读。[3] 在比较分析的过程中，幼儿可以对书的形式、内容等方面有更多样的认识和理解。

（四）通过操作探究策略促进幼儿运用多感官深入探索

《3—6岁儿童学习与发展指南》中指出，幼儿的学习方式以直接感知、实际操作、亲身体验为主。幼儿的深度学习更是以做为核心，在做的过程中完善和重塑自身知识结构。例如，在科学活动"小侦探"中，教师拿出一瓶碘酒询问幼儿："碘酒滴入有淀粉的水里会发生什么现象？"幼儿猜测会变黑、变黄、会染色、会有味道等。为了验证幼儿的猜想，教师请幼儿亲自做实验，幼儿在做实验的过程中发现"染色了，有点酒味儿，水变黑了"。在接下来的环节中，教师又提供了多种

---

[1] 案例来自王小英《幼儿深度学习的理论与实践探索研究·理论篇》中的案例"水龙头的长鼻子"。

[2] 案例来自王小英《幼儿深度学习的理论与实践探索研究·理论篇》中的案例"制作分类垃圾车"。

[3] 王佳，徐蓓."安吉游戏"课程中的阅读活动：以大班幼儿阅读《西游记》为例[J]. 幼儿教育，2021（11）：9-13.

蔬菜，请幼儿找到有淀粉的蔬菜，并做好记录。① 幼儿在操作探究的过程中不仅对碘酒和淀粉的性质有了更直观的认识，还对二者之间的关系有所了解，积累了经验，并学会了迁移和应用知识。

（五）通过反馈支持策略实现个性化的学习与指导

教师通过反馈支持策略可以关注到每个幼儿的学习状态，实现个性化的学习与指导。首先，教师需要对幼儿在深度学习过程中的情绪状态进行及时关注与适宜反馈。教师保持对幼儿情绪状态的敏感性，并根据幼儿不同的情绪状态给予有针对性的反馈，可以帮助幼儿调整学习过程中的状态。

其次，在幼儿遇到学习困难时，教师需要进行及时反馈与支持，持续推进幼儿深度学习。例如，在教学活动"大泡泡机"中，幼儿先在泡泡机架子中间悬挂呼啦圈，想通过拉动呼啦圈的方式制造大泡泡，但却想不到合适的办法拉动呼啦圈。教师向幼儿提问："你们发现了什么问题？""你们系了几根绳子？""绳子为什么会动呢？""你们见过升国旗吗？""国旗是怎么升起的？""如果呼啦圈是旗，我们怎么把它拉上来？"② 教师在幼儿遇到困难时给予及时反馈和支持，幼儿最终成功地用大呼啦圈制作的泡泡机吹出了泡泡。

（六）通过学习表征策略加强幼儿对知识的理解与建构

幼儿的思维具有直观形象性。在教学活动中，教师若以讲授方式对幼儿进行教学，幼儿的理解通常会处于浅表状态。教师需要将抽象的知识外显化，使幼儿能够更好地实现知识的联系与建构。在教学活动中，可以引导幼儿通过制作海报、思维导图等方式表达自己对问题的理解。如思维导图以直观形象的方式梳理相关信息，将抽象思维外

---

① 陈晓芳. 幼儿科学活动设计与指导 [M]. 北京：北京师范大学, 2013：173-175.
② 案例来自王小英《幼儿深度学习的理论与实践探索研究·理论篇》.

显化，更符合幼儿的认知发展特点。在深度学习过程中，幼儿可以借助思维导图实现对知识的批判与反思、联系与建构。如在某科学活动中，幼儿观察纸质书和电子书，并使用双气泡图进行对比，获得了对纸质书和电子书的更直观的认识。

（七）通过评价反思策略提升幼儿批判能力

评价反思策略应贯穿教学活动的全过程。在教学活动中，幼儿每一次问题的解决都需要经过再审视、再评价和再反思。在持续的评价与反思过程中，幼儿不断发展分析、比较、评价等高阶思维，并根据反思评价的结果适时调整操作方法与步骤，以更好地促进问题解决。例如，在"制作泡泡机"活动中，幼儿想对原来制作的泡泡机进行改进，将底座换成更大的呼啦圈。乔乔想到可以将小呼啦圈放入大呼啦圈中，然后用绳子将小呼啦圈拉直。其他幼儿认可乔乔的想法，但也有幼儿指出需要将绳子固定，否则小呼啦圈会不稳。乔乔在听取了其他幼儿的意见后，对呼啦圈的位置进行了调整，并取得良好的效果。

第五节 信息技术的介入与利用

一、信息技术的内涵、类别与功能

从广义上来讲，信息技术指"在信息的获取、整理、加工、传递、存储和利用的过程中所采取的技术和方法，是一种可以代替、延伸、扩展人的感官及大脑信息功能的一种技术"[①]。随着时代发展，"以计算机为主的信息技术逐渐演变为以智能化设备和可交互式设备为核心的信息技术，具体包括人工智能、云计算、大数据、5G技术等前沿信

---

① 高爽. 信息技术对学前教育的影响 [D]. 上海：华东师范大学，2006.

息技术"[1]。

这些技术与教育领域有机融合,发挥着不同功能。例如,人工智能技术通过推理、判断或预测的形式为学生提供个性化的指导、支持与反馈[2];教育云可以将所需要的任何教育硬件资源虚拟化,然后将其传入互联网中,为教育机构、教育者和学习者提供更为便捷的学习平台,如 MOOC 平台[3];大数据既能掌握庞大的数据信息,还能对这些数据进行专业化处理,在教育研究、管理、评价等方面发挥了很大作用;5G 技术促进了新的教育生态模式的出现,包括"5G 技术+教学""5G 技术+课程"等。对个体学习而言,信息技术为人们提供了网络学习方式,极大地拓展了学习资源,给个体提供了学习选择的空间,也突显了个人学习能力在信息技术时代的重要性。

目前,幼儿园中常见的信息技术工具有计算机、触屏电视、平板电脑、智能玩具、数码相机、交互式白板等硬件,以及不同类型的应用软件等。幼儿园需要关注前沿信息技术在幼儿园中的应用,以更好地发挥信息技术在促进和提升幼儿园教学质量上的作用,如 AR 技术作为一种"虚实融合且交互性极强的新兴技术,能够帮助学生更直接、更自然地探索知识"[4]。幼儿在学习上以直接感知、实际操作、亲身体验为主,恰当地使用 AR 技术能够更好地辅助教师的教学,也更适合幼儿的学习方式。

---

[1] 丁雪梅. 北京地区幼儿教师在教育中整合信息技术的现状与影响因素 [D]. 北京:北京师范大学, 2019.
[2] 黄国祯, 方建文, 涂芸芳. 人工智能教育应用研究的全球图景与趋势 [J]. 现代远程教育研究, 2022 (3): 3-14.
[3] 郭立欢, 刘向锋. 信息技术基础与应用 [M]. 北京:北京理工大学出版社, 2020: 69-70.
[4] 蔡苏, 薛晓茹, 张晗. 增强现实(AR)在 K-12 教育的应用实践 [J]. 中小学信息技术教育, 2017 (11): 71.

二、幼儿园教学活动中信息技术介入与应用现状

当前,信息技术在教学活动中的应用价值逐渐被重视,不同教学活动中信息技术的应用范围、应用频率、应用方法有较大差异。

第一,从应用范围来看,不同领域幼儿园教学活动中应用信息技术的占比有较大差异。调查发现,语言类教学活动运用信息技术最多,比例高达90%,教师主要通过呈现图片、播放动画等形式,激发幼儿的学习兴趣,直观呈现语言教学活动的内容。例如,在绘本《母鸡萝丝去散步》教学活动中,教师通过播放动画的形式展示母鸡萝丝散步过程中的经历,帮助幼儿更好地理解故事情节。健康类教学活动中教师运用信息技术的比重最低,比例仅为20%。[1] 这是因为语言本身具有抽象性,通过信息技术将语言以生动形象的方式呈现有助于幼儿的理解,而健康类教学活动更需要幼儿进行实际操作。例如,在小班健康领域活动"我会刷牙"中,教师准备了牙齿模型、不同材质和数量的牙刷等,在示范后请幼儿自己尝试操作刷牙的过程。

第二,在应用频率上,教师存在过度使用和依赖信息技术而忽视其他教学方法的倾向。[2] 以社会领域教学活动"小猪去春游"为例,该活动总时长为21分16秒,教师使用信息技术的时间则达到了20分49秒,教师在整个教学活动中一直使用电子白板演示教学内容[3],忽视了幼儿的年龄特征和学习特点。首先,长时间使用电子白板等信息技术工具会使幼儿接收过多的视听觉刺激,会对幼儿的视力与听力造成不良影响,进而影响幼儿的身心健康。其次,幼儿在社会领域的学

---

[1] 郝兆杰,梁芳芳,肖琼玉. 幼儿园教学活动中信息技术应用现状分析[J]. 学前教育研究, 2014 (11): 35-41.

[2] 陈柏雯,王鹊. 近二十年信息技术与幼儿园教育整合研究的热点与趋势:基于 CiteSpace 的可视化分析[J]. 教育观察, 2021 (40): 5-10.

[3] 高宏钰,周游. 幼儿园教学活动中应用信息技术的案例研究[J]. 中国教育信息化·基础教育, 2018 (11): 56-60.

习具有潜移默化性、长期性、实践性、参与性等特征。教师在教学的过程中需要综合运用多种方法促进幼儿的社会性发展，如谈话法、讨论法、参观法、练习法、陶冶法等，充分发挥不同教学方法在促进幼儿发展方面的价值。

第三，在应用方法上，幼儿园教学中的信息技术多用于直观演示，缺乏操作性。例如，在幼儿园科学教学活动中，教师并未充分运用材料引导幼儿实际操作与探索，而多以展示图片的方式进行教学。这样其实大部分都是教师在向幼儿灌输科学知识，而不是幼儿主动去探索，此类教学活动不能够充分地发展幼儿的科学思维，也不能充分培养幼儿的科学素养，久而久之幼儿对此类活动会失去兴趣。[1]

三、教学活动中信息技术对幼儿深度学习的支持

利用信息技术优化教学活动，实现信息技术与教学活动的深度融合，是学前教育信息化的内核。[2] 信息技术不仅能够增加教师的教学手段与方法，还能够用于提高教学活动效率，优化教学过程与效果，支持幼儿的个性化学习和深度学习。

（一）利用信息技术重构教学模式，奠定幼儿深度学习基础

教学模式最初由美国学者乔伊斯（Joyce）和韦尔（Weil）等人于1972年提出，他们认为教学模式是构成课程、选择教材、指导教学活动的一种范型或计划。[3] 信息技术的出现对传统教学模式进行了重构，能够为幼儿在学习过程中进行自主建构提供支持，促进幼儿在学习过

---

[1] 段玮. 信息技术在幼儿园大班科学教育启蒙中的应用研究 [D]. 长春：东北师范大学，2016.
[2] 汪基德，朱书慧，张琼. 学前教育信息化的内涵解读 [J]. 电化教育研究，2013（7）：27-32.
[3] 李名义. 教学模式转变与教师角色转换之探析 [D]. 北京：北京师范大学，2005.

程中进行批判反思、联系建构、迁移应用与多方位思考。例如，在安吉某幼儿园，教师在幼儿自主游戏后组织讨论，讨论内容来自幼儿游戏现场。教师在幼儿游戏现场拍摄的视频和照片是启动和推进讨论的重要素材。在讨论过程中，幼儿在教师的引导下对自己在游戏中遇到的困难、挑战以及新的发现等进行阐释，同时在与同伴辩论的过程中更加明晰自己的观点与想法。[①] 利用信息技术手段保留幼儿的活动资料，能够帮助幼儿在回顾与反思自身活动的过程中进一步发展深度学习能力。

（二）通过信息技术活化教学内容，提升幼儿的主动性与专注度

相比传统的教学方式，信息技术可以活化教学内容，将抽象的间接知识转变为具体的可感知的直接经验，同时也能够打破时空限制，浓缩再现或重组事物发展过程与景象，提升幼儿在学习过程中的主动性和专注度。主动和专注是幼儿实现深度学习的前提条件，影响幼儿的学习效果。幼儿以无意注意为主，有意注意正在发展，还不善于控制自己的注意。信息认知的困难、无关刺激的干扰、对活动缺乏兴趣等都会使幼儿注意分散。例如，在大班科学活动"种子的旅行"中，教师选择了几种幼儿平时不多见的种子，如苍耳、樱桃、豆荚等的种子，通过课件和视频将种子和其传播方式以直观的方式呈现，调动幼儿已有经验，激发幼儿对种子传播方式的兴趣和好奇心。[②] 另外，教育软件的恰当运用也可以激发幼儿的学习兴趣，提升幼儿学习的主动性。例如，游戏"橡树池塘"通过动态的形式呈现四季的不同动植物，很大程度上激发了幼儿学习的兴趣和主动性。[③]

[①] 韩康倩. 华爱华教授访谈录之六："安吉游戏"中的一日生活［J］. 幼儿教育，2021（11）：4-8.

[②] 案例来自东北师范大学硕士生段玮硕士论文《信息技术在幼儿园大班科学教育启蒙中的应用研究》.

[③] 冯晓霞. 计算机与幼儿教育［M］. 北京：人民教育出版社，2010：148-149.

（三）运用信息技术扩展教学资源，加强知识的联系与建构

建构主义认为，学习过程不是由教师向学生传递知识的过程，而是学生主动建构知识的过程。在教学过程中运用信息技术丰富已有教学资源能够有效加强幼儿知识之间的联系和知识的深层次建构。

在当前幼儿教育实践中，很多教师对幼儿知识建构的过程没有给予足够重视。以科学教学活动为例，很多教师对幼儿科学教学结果的关注往往大于对过程的关注。信息技术作为辅助教学的手段，能够有效扩展现有教学资源，丰富幼儿的感官体验，增强知识的生动性和相互联系，有利于幼儿知识的建构。以上海市某幼儿园为例。为配合园本课程"探秘自然"科学教学活动，该园设置了"自然探秘室"，通过5D沉浸式互动体验的形式整体打造，气味、声音、灯光等立体呈现，并配备多媒体设备、环境设备、答题装置、手持AR设备等相关硬件和软件设备[1]，极大扩展了教学资源，帮助幼儿将知识联系起来，实现知识的深层建构。

（四）通过信息技术变换教学环境，实现知识的迁移与应用

为了促进幼儿对知识的迁移和应用，实现深度学习，教师在教学的过程中可以通过信息技术手段丰富教学内容，创设不同的情境。当前将信息技术，特别是人工智能技术融入幼儿教育情境已经成为趋势。如有研究者以人工智能技术为基础，设计开发了一款幼儿地震安全教育游戏。该游戏设计了不同场景来训练幼儿在地震时的逃生能力，具体包括幼儿园的室内环境（教室、寝室、卫生间等）和室外环境（操场、娱乐设施等）[2]。在不同场景中进行地震模拟演练，可以帮助幼儿

---

[1] 案例来自上海师范大学硕士生李潇潇硕士论文《幼儿园信息化建设支持幼儿个性化学习的个案研究》。

[2] 案例来自云南师范大学硕士生张冬梅硕士论文《基于人工智能的幼儿地震安全教育游戏设计开发研究》。

掌握地震逃生的基础技能，并迁移到真实环境中。

（五）运用信息技术优化教学手段，发展幼儿高阶思维

教师可以利用信息技术优化教学手段，培养幼儿的批判、反思、评价、创造等高阶思维。高阶思维指发生在较高认知水平层次上的心智活动或较高层次的认知能力，主要由问题求解、决策、批判性思维、创造性思维构成。根据建构主义学习模式研究，高阶思维能力的发展应当与具体的课程和教学整合起来。① 例如，在绘本《幸福的大桌子》教学活动中，教师请幼儿观察多媒体课件上的绘本画面，猜测兔老二的职业。当幼儿无法正确回答时，教师便采用整体画面播放结合细节画面放大的形式（播放兔老二出现画面的同时放大其身上背的吉他）②，帮助幼儿推理。

另外，在幼儿自主操作环节，教育软件的应用也越来越常见。有专家指出，幼儿园应为幼儿提供发展适宜性软件，根据幼儿的操作调整难度梯度，给予幼儿具有挑战性的操作任务，发挥软件的"支架"功能，以帮助幼儿在操作软件的过程中发展高阶思维。例如，有研究者开发了一款AR技术教育软件。该软件结合AR技术，将幼儿的涂鸦作品以3D动画的形式呈现，实现幼儿与绘画作品之间有声有色的互动，触发幼儿视、听、说、触、想多感官体验，激发幼儿在艺术创作过程中的想象力和创造力。③

（六）利用信息技术完善教学评价，推动幼儿深度学习的持续发生

教学评价是对教学进行价值判断的过程。教学评价有不同的分类

---

① 钟志贤. 促进学习者高阶思维发展的教学设计假设［J］. 电化教育研究, 2004（12）: 21-28.
② 蒋晨. 把握介入要素，提升整合实效：谈信息技术介入幼儿园语言教学的三个要素［J］. 上海教育科研, 2013（1）: 95-96.
③ 蔡苏, 薛晓茹, 张晗. 增强现实（AR）在K-12教育的应用实践［J］. 中小学信息技术教育, 2017（11）: 71-75.

标准。按照教学评价的作用可分为诊断性评价、形成性评价和总结性评价;按照评价采用的标准可分为相对性评价、绝对性评价和个体内差异评价等。① 随着时代的发展,信息技术已经开始运用到教学评价中。利用信息技术进行教学评价可以快速获得评价结果,并更加直观地呈现评价结果;教师也可以基于教学评价进行教学再设计,持续跟进幼儿的学习。

如在语言领域活动中,使用语料库对幼儿的语言表达进行记录、分析、加工、处理,能够同时实现过程性评价和结果性评价。早在20世纪末,日本开始使用录音技术采集儿童语料,美国则开始使用录像技术采集儿童语料。进入21世纪,儿童语料库采集技术呈现出数字化和泛在化的特点。这些基于信息技术的儿童语料库为对幼儿进行个别化评价提供了重要依据。

在健康领域活动中,有幼儿园开始利用信息技术记录和分析幼儿的运动情况与生理变化。例如,据东方网报道,上海市瑞金一路幼儿园给园内每一名幼儿配备了运动手环,运动手环将幼儿的活动强度、活动消耗和运动平均心率等数据上传到数据分析平台,为分析幼儿运动行为与制定个性化的运动方案提供数据支持和事实依据。除了运动手环外,很多教师在体育活动中采用拍照或录视频的形式,对幼儿的基本动作和运动过程进行记录、分析,由此制定矫正方案、实施教学活动等,加强体育教学的针对性和指导性。

在主题教学活动中,幼儿园利用信息技术自动提取教师教学活动目标的关键词,进行类型、层次与关联性分析,能够提升主题活动内容的综合性、全面性和适宜性,加强幼儿多方面经验的联系与建构,对知识的批判反思与迁移应用等。

---

① 魏晨明,董守生. 教育学原理与应用 [M]. 上海:华东师范大学出版社,2019:174-176.

> 案例

树叶拼贴画（中班）①

活动由来

秋天到，树叶随着秋风缓缓落下，一时间，到处都能看见树叶。孩子们对树叶十分感兴趣，在树底下玩得不亦乐乎。这是引导孩子用树叶来拼贴的大好时机。本次教学活动计划通过美术活动的形式引导幼儿更加了解树叶，喜欢自然，亲近自然。

活动目标

1. 掌握用不同形状的树叶进行组合、拼贴的方法，增强动手能力。

2. 能够使用不同形状的树叶制作一幅作品，表现物体的主要形象特征。

3. 体验创作的乐趣和成功后的自豪，发展喜爱自然、亲近自然的情感。

活动准备

物质准备：一幅树叶拼贴画的作品，几种不同形状的树叶，画笔、颜料、画纸、双面胶等若干。

经验准备：幼儿有观察树叶的经验。

活动过程

1. 问题导入，激发幼儿兴趣。

师：今天老师带来了一幅画，我们一起来欣赏下，这画里的是什么呀？对啦，这是一只蝴蝶。小朋友们再看看，这只蝴蝶是画出来的吗？这幅画和普通的画有什么不一样？

---

① 案例来自青海省西宁市六一幼儿园李桂芳.

2. 欣赏树叶拼贴画，观察树叶。

师：小朋友们用小眼睛仔细观察一下，这幅画是用什么制作而成的？对了，这些画是用树叶拼贴而成的，叫树叶拼贴画。

师：今天啊，小朋友们带来了很多的树叶，有梧桐叶、银杏叶等，待会儿我们也来制作漂亮的树叶拼贴画吧！现在请小朋友们看一看，这几片树叶一样吗？它们分别都是什么形状的呢？

师：这些树叶的形状有桃形、扇形、柳叶形、圆形等，每一片树叶和不同的树叶组合就会有不同的图形。

3. 教师示范操作，幼儿了解制作方法和步骤。

（1）教师向幼儿示范树叶拼贴画的制作过程。

师：现在，老师要变一个魔术，看，把这两片树叶放在一起，像什么？但是这两片树叶现在牢固吗？它们是不是很容易就变形了呀？那小朋友们有没有什么好办法呢？嗯，你们真聪明，我们可以用双面胶固定树叶。我们拼好树叶后，再在纸上选好要贴的位置，把树叶轻轻地放上去，压一下，这样树叶就不会乱跑了。

师：小朋友们拼贴好树叶后，还可以用彩笔添画和装饰，这样一幅漂亮的树叶拼贴画就做好啦！

（2）教师重新出示一些其他形状的叶子，启发幼儿想象。

师：使用不同的树叶进行组合就会产生不同的形状，小朋友们想不想也来试一试呢？那谁来告诉老师，你想使用哪几种树叶呢？你想用树叶做成什么样子呢？

4. 幼儿操作，教师巡回指导。

教师鼓励幼儿大胆创作，指导幼儿选用合适的树叶表现物体的主要特征，进行适当的装饰。

师：你想用树叶拼贴什么呢？你想用哪几种树叶呢？

5. 结束部分。

（1）幼儿展示作品，教师简单评价。

师：很多小朋友已经完成了自己的拼贴画，老师想请一位小朋友来给大家分享一下。他做的是什么？他是怎么做的？用了哪几种树叶？有没有遇到什么困难呢？

（2）简单小结。

师：今天我们用不同的树叶做了树叶拼贴画，小朋友们都完成了自己的作品，除了拼贴画，树叶还有很多种玩法，小朋友们回家之后，还可以跟爸爸妈妈一起探索树叶的多种玩法。

案例分析

教师在过程中请幼儿欣赏树叶粘贴画，认识树叶，进而示范如何粘贴树叶组成画，最后请幼儿想象并开始创作。幼儿在教师的指引下一步步完成任务，缺乏主动思考的机会。如果教师在呈现了树叶粘贴画和单独的树叶之后，请幼儿在作品中找出所使用的树叶，那么幼儿就会主动地进行综合分析，将画面形象与树叶联系起来。这样的综合性任务设计能更好地发挥幼儿的主动性。

展示环节请幼儿轮流介绍自己的作品，幼儿在分享环节仍然专注于对自己操作过程和创作结果的反思，缺乏拓展思维与经验的机会。如果展示环节开展互相猜一猜或找朋友的游戏，请幼儿分析同伴作品的意图、主题、组成要素，或者请幼儿找到与自己作品有相同主题或相同组成要素的同伴作品，幼儿就会关注他人的创作策略与艺术表现力，也会将自己的创作策略与艺术表现主题与他人的创作策略和表现主题进行比较分析，进而整合形成自己的艺术知识，引发知识结构的改变。

第三章

深度学习取向下分领域教学活动的设计与实施

为支持幼儿的深度学习，教师不仅要从整体上掌握如何对幼儿园教学活动进行立体交互连续式设计，对不同教学要素进行创新式变革与整合应用，还需要掌握不同领域和不同类型教学活动的特点，能够结合不同领域和不同类型教学活动的特点来具体开展教学工作。幼儿园教学活动内容可以相对区分为健康、语言、社会、科学、数学、音乐、美术七个领域，不同领域的教学内容之间存在着有机联系。从内容组织形态上看，幼儿园教学活动分为分领域教学活动和综合主题教学活动两种类型。因主要内容性质和内容组织形态的不同，不同领域和不同类型教学活动应选择适宜的教学活动组织过程与策略。

《3—6岁儿童学习与发展指南》强调，应关注幼儿学习与发展的整体性，注重领域之间、目标之间的相互渗透和整合，促进幼儿身心全面协调发展，而不应片面追求某一方面或几方面的发展。教师应全面掌握不同领域和不同类型教学活动的组织原理，以在教学实践中围绕具体的教学目标和内容采用灵活的组织过程与策略，促进幼儿的深度学习。依据教学内容组织的复杂程度，分领域教学活动相比综合主题教学活动更容易掌握。了解不同领域学习与发展的目标与内容，以及不同领域目标与内容之间的联系，是教师设计和开展主题教学活动的基础。为此，本书首先介绍深度学习取向下分领域教学活动的设计与实施，包括不同领域教学活动的目标与内容、组织过程与策略，以及其中出现的幼儿深度学习的困境与破解方式。在此基础上，本书将进一步介绍深度学习取向下主题教学活动的设计与实施，指出其中幼儿深度学习的困境与破解方式，进而阐明新的主题教学活动设计与实施方式。

第一节　健康领域教学活动

一、目标与内容

健康关系到个人的幸福与民族的希望。幼儿正处于身体和心理发育与发展的最初阶段和重要时期。《幼儿园教育指导纲要（试行）》指出，幼儿园必须把保护幼儿的生命和促进幼儿的健康放在工作首位。树立正确的健康观念，在重视幼儿身体健康的同时，要高度重视幼儿的心理健康。

（一）目标

1. 幼儿健康教育总目标

幼儿健康教育的总目标是幼儿园健康领域教学活动期望幼儿在健康方面达到的标准与要求，规范着教学活动的设计与开展。幼儿园健康领域的总目标体现在有关幼儿园的相关政策文本中。

《幼儿园教育指导纲要（试行）》规定幼儿健康领域的教育目标有：①身体健康，在集体生活中情绪安定、愉快；②生活、卫生习惯良好，有基本的生活自理能力；③知道必要的安全保健常识，学会保护自己；④喜欢参加体育活动，动作协调灵活。

《3—6岁儿童学习与发展指南》将幼儿健康领域的学习与发展目标分为三个方面：身心状况、动作发展、生活习惯与生活能力。身心状况目标包括：①具有健康的体态；②情绪安定愉快；③具有一定的适应能力。动作发展目标包括：①具有一定的平衡能力，动作协调、灵敏；②具有一定的力量和耐力；③手的动作灵活协调。生活习惯与生活能力目标包括：①具有良好的生活与卫生习惯；②具有基本的生活自理能力；③具备基本的安全知识和自我保护能力。

综合来看，健康领域总目标予以幼儿身体健康和心理健康同等的重视，关注幼儿情绪状态与适应能力，也重视幼儿生活自理能力与良好生活习惯的培养。

2. 幼儿健康教育的年龄阶段目标

《3—6岁儿童学习与发展指南》将健康领域幼儿学习与发展目标分为"身心状况""动作发展"与"生活习惯与生活能力"三个方面，每个方面又依据儿童的年龄阶段确立了分年龄目标。各年龄阶段目标见表 3-1、表 3-2、表 3-3。

表 3-1　小班健康教育目标

身心状况	1. 具有健康的体态	1. 身高和体重适宜，参考标准： 男孩身高：94.9—111.7 厘米　体重：12.7—21.2 千克 女孩身高：94.1—111.3 厘米　体重：12.3—21.5 千克
		2. 在提醒下能自然坐直、站直
	2. 情绪安定愉快	3. 情绪比较稳定，很少因一点小事哭闹不止
		4. 有比较强烈的情绪反应时，能在成人的安抚下逐渐平静下来
	3. 具有一定的适应能力	5. 能在较热或较冷的户外环境中活动
		6. 换新环境时情绪能较快稳定，睡眠、饮食基本正常
		7. 在帮助下能较快适应集体生活
动作发展	1. 具有一定的平衡能力，动作协调、灵敏	8. 能沿地面直线或在较窄的低矮物体上走一段距离
		9. 能双脚灵活交替上下楼梯
		10. 能身体平稳地双脚连续向前跳
		11. 分散跑时能躲避他人的碰撞
		12. 能双手向上抛球
	2. 具有一定的力量与耐力	13. 能双手抓杠悬空吊起 10 秒左右
		14. 能单手将沙包向前投掷 2 米左右
		15. 能单脚连续向前跳 2 米左右
		16. 能快跑 15 米左右
		17. 能连续行走 1 千米左右（途中可适当停歇）
	3. 手的动作灵活协调	18. 能用笔涂涂画画
		19. 能熟练地用勺子吃饭
		20. 能用剪刀沿直线剪，边线基本吻合

续表

生活习惯与生活能力	1. 具有良好的生活与卫生习惯	21. 在提醒下，按时睡觉和起床，并能坚持午睡
		22. 喜欢参加体育活动
		23. 在引导下，不偏食、挑食，喜欢吃瓜果、蔬菜等新鲜食品
		24. 愿意饮用白开水，不贪喝饮料
		25. 不用脏手揉眼睛，连续看电视等不超过15分钟
		26. 在提醒下，每天早晚刷牙、饭前便后洗手
	2. 具有基本的生活自理能力	27. 在帮助下能穿脱衣服或鞋袜
		28. 能将玩具和图书放回原处
	3. 具备基本的安全知识和自我保护能力	29. 不吃陌生人给的东西，不跟陌生人走
		30. 在提醒下能注意安全，不做危险的事
		31. 在公共场所走失时，能向警察或有关人员说出自己和家长的名字、电话号码等简单信息

表 3-2　中班健康教育目标

身心状况	1. 具有健康的体态	1. 身高和体重适宜，参考标准： 男孩身高：100.7—119.2 厘米　体重：14.1—24.2 千克 女孩身高：99.9—118.9 厘米　体重：13.7—24.9 千克
		2. 在提醒下能保持正确的站、坐和行走姿势
	2. 情绪安定愉快	3. 经常保持愉快的情绪，不高兴时能较快缓解
		4. 有比较强烈的情绪反应时，能在成人提醒下逐渐平静下来
		5. 愿意把自己的情绪告诉亲近的人，一起分享快乐或求得安慰
	3. 具有一定的适应能力	6. 能在较热或较冷的户外环境中连续活动半小时左右
		7. 换新环境时较少出现身体不适
		8. 能较快适应人际环境中发生的变化，如换了新老师能较快适应
动作发展	1. 具有一定的平衡能力，动作协调、灵敏	9. 能在较窄的低矮物体上平稳地走一段距离
		10. 能以匍匐、膝盖悬空等多种方式钻爬
		11. 能助跑跨跳过一定距离，或助跑跨跳过一定高度的物体
		12. 能与他人玩追逐、躲闪跑的游戏
		13. 能连续自抛自接球
	2. 具有一定的力量与耐力	14. 能双手抓杠悬空吊起 15 秒左右
		15. 能单手将沙包向前投掷 4 米左右
		16. 能单脚连续向前跳 5 米左右
		17. 能快跑 20 米左右
		18. 能连续行走 1.5 千米左右（途中可适当停歇）
	3. 手的动作灵活协调	19. 能沿边线较直地画出简单图形，或能将边线基本对齐地折纸
		20. 会用筷子吃饭
		21. 能沿轮廓线剪出由直线构成的简单图形，边线吻合

续表

生活习惯与生活能力	1. 具有良好的生活与卫生习惯	22. 每天按时睡觉和起床，并能坚持午睡
		23. 喜欢参加体育活动
		24. 不偏食、挑食，不暴饮暴食，喜欢吃瓜果、蔬菜等新鲜食品
		25. 常喝白开水，不贪喝饮料
		26. 知道保护眼睛，不在光线过强或过暗的地方看书，连续看电视等不超过 20 分钟
		27. 每天早晚刷牙、饭前便后洗手，方法基本正确
		28. 能自己穿脱衣服、鞋袜、扣纽扣。
	2. 具有基本的生活自理能力	29. 能整理自己的物品
		30. 知道在公共场合不远离成人的视线单独活动
	3. 具备基本的安全知识和自我保护能力	31. 认识常见的安全标志，能遵守安全规则
		32. 运动时能主动躲避危险
		33. 知道简单的求助方式

表 3-3　大班健康教育目标

身心状况	1. 具有健康的体态	1. 身高和体重适宜，参考标准： 男孩身高：106.1—125.8 厘米　体重：15.9—27.1 千克 女孩身高：104.9—125.4 厘米　体重：15.3—27.8 千克
		2. 经常保持正确的站、坐和行走姿势
	2. 情绪安定愉快	3. 经常保持愉快的情绪，知道引起自己某种情绪的原因，并努力缓解
		4. 表达情绪的方式比较适度，不乱发脾气
		5. 能随着活动的需要转换情绪和注意力
	3. 具有一定的适应能力	6. 能在较热或较冷的户外环境中连续活动半小时以上
		7. 天气变化时较少感冒，能适应车、船等交通工具造成的轻微颠簸
		8. 能较快融入新的人际关系环境，如换了新的幼儿园或班级能较快适应
动作发展	1. 具有一定的平衡能力，动作协调、灵敏	9. 能在斜坡、荡桥和有一定间隔的物体上较平稳地行走
		10. 能以手脚并用的方式安全地爬攀登架、网等
		11. 能连续跳绳
		12. 能躲避他人滚过来的球或扔过来的沙包
		13. 能连续拍球
	2. 具有一定的力量与耐力	14. 能双手抓杠悬空吊起 20 秒左右
		15. 能单手将沙包向前投掷 5 米左右
		16. 能单脚连续向前跳 8 米左右
		17. 能快跑 25 米左右
		18. 能连续行走 1.5 千米以上（途中可适当停歇）

续表

动作发展	3. 手的动作灵活协调	19. 能根据需要画出图形，线条基本平滑
		20. 能熟练使用筷子
		21. 能沿轮廓线剪出由曲线构成的简单图形，边线吻合且平滑
		22. 能使用简单的劳动工具或用具
生活习惯与生活能力	1. 具有良好的生活与卫生习惯	23. 养成每天按时睡觉和起床的习惯
		24. 能主动参加体育活动
		25. 吃东西时细嚼慢咽
		26. 主动饮用白开水，不贪喝饮料
		27. 主动保护眼睛，不在光线过强或过暗的地方看书，连续看电视等不超过30分钟
		28. 每天早晚主动刷牙，饭前便后主动洗手，方法正确
	2. 具有基本的生活自理能力	29. 能知道根据冷热增减衣服
		30. 会自己系鞋带
		31. 能按类别整理好自己的物品
	3. 具备基本的安全知识和自我保护能力	32. 未经大人允许不给陌生人开门
		33. 能自觉遵守基本的安全规则和交通规则
		34. 运动时能注意安全，不给他人造成危险
		35. 知道一些基本的防灾知识

3. 幼儿健康领域教学活动的目标

健康领域教学活动目标的制定应全面覆盖知识与技能、过程与方法、情感态度与价值观三个方面。同时，教师需要依据幼儿的年龄特征，结合本班幼儿的实际水平，在幼儿的最近发展区内制定"跳一跳，够得着"的教学目标。另外，教学目标应尽可能做到重难点突出，使教师能够在设计与组织教学活动时做到"心中有数"。

健康领域的教学活动可以分为身体健康类教学活动、心理健康类教学活动与体育锻炼类教学活动。不同类型教学活动的目标各有侧重，常见教学目标与具体示例见表 3-4。

表 3-4　健康领域教学活动常见目标与具体示例

类型	常见目标	具体示例
身体健康类教学活动	认识常见食物，了解合理膳食	教师利用多媒体呈现膳食宝塔，帮助幼儿认识自己所吃的食物处于膳食宝塔中的什么位置，对自己的身体健康有什么作用
	掌握正确的刷牙方法	教师利用儿歌的形式帮助幼儿记忆正确的刷牙方法
心理健康类教学活动	知道自己的优点与不足	借助"认识自己"相关绘本，通过故事中小主人公对自己优缺点的描述，引发幼儿对于自身优缺点的关注
	了解自己的情绪，能分辨出高兴、伤心、生气等情绪	教师引导幼儿讲述自己在遇到一件具体事情时会有哪些情绪，此时自己有什么样的感受
体育锻炼类教学活动	循序渐进地掌握跳绳技能	先学会有节奏地双手甩绳，接着学习有节奏地双脚起跳，最后学会手脚并用跳绳
	体验通过练习获得成功带来的成就感	幼儿通过不断尝试与练习，克服恐惧，找到爬梯的好方法，并告诉身边的人

（二）幼儿健康教学活动的内容

幼儿健康领域教学活动的内容主要包括身体健康教育、心理健康教育和体育锻炼三大部分。

1. 身体健康教育

（1）生活卫生习惯教育

良好的生活卫生习惯是帮助幼儿增强体质、促进幼儿健康成长的保障，包括初步的生活自理能力、规律的作息习惯、卫生清洁习惯、良好的体态与学习卫生习惯。

（2）饮食与营养教育

幼儿生长发育迅速，新陈代谢旺盛，需要从饮食中获取多种营养素，以保证机体完善与身体发展。幼儿需要对饮食和食物有正确的认识，包括知道食物的名称、颜色、形状、味道，通过味觉、视觉、触觉、嗅觉等感知食物。这能使幼儿获得关于食物最直接的经验，知道饮食对于维持自己的生命与健康至关重要。除此之外，幼儿还需养成健康的饮食习惯，如愉快进餐、饭前洗手、饭后漱口、按时适量吃饭、不挑食不偏食、细嚼慢咽、不暴饮暴食等。

（3）人体认知和自我保护教育

幼儿需要对人类的身体有大致了解，包括认识身体外形、一些主要器官及其功能。在自我保护方面，幼儿应学会保护五官，按时清洁牙齿，注意用眼卫生，不将异物塞入口鼻耳中；了解愉快的情绪和良好的行为对于身体健康的重要价值；有预防疾病的意识，积极配合疾病的预防与治疗，按时体检与进行预防接种。

（4）安全常识教育

幼儿应掌握一定的安全常识，认识安全标志，过马路、乘坐交通工具、玩大型运动器械和玩具时具备自我保护意识与能力，在日常生活中自觉遵守安全规则。同时，幼儿应初步了解如何应对意外事故和自然灾害，具备基本的求生技能，知道简单的自救和向成人求救的方法。

2. 心理健康教育

（1）自我意识教育

良好的自我意识包括积极恰当的自我评价、自尊自爱和初步的自我控制能力。自我评价是对自我的判断，是自我认识的核心，反映自我认识水平。自我评价是随着个体身心成熟在社会性发展和社会交往过程中逐渐形成的。自我价值感是幼儿自我意识中最具有积极意义的情感成分，而自尊是个体在社会化比较过程中获得的有关自我价值的评价与体验，是幼儿心理健康的重要指标之一。自我调控是自我意识的意志成分，是个体对自己思想情感和行为的调节和控制，包括自立、自主、自我监督和自我控制。自我调控可分为自我调节和自我控制。"自我调控既有对行为的发起和维持，也有对行为的抑制和控制。自我调控能力比较强的幼儿不是听话的、乖巧的幼儿，而是自主、主动、独立的幼儿。"①

（2）情绪调控和适应能力教育

幼儿应正确认识自己的情绪，知道情绪产生的原因，学习用合适的方式表达情绪。幼儿应学会用自我说服、诉说、注意转移、忘却、宽容等方法控制和调节自己的情绪，学会合理宣泄负面情绪，使自己处于稳定、愉悦的情绪状态中。

适应能力包括个体身体对内外环境及其变化的适应和个体对社会环境的适应。幼儿具有强烈的好奇心与探索欲，能够敏感地觉知外界环境的变化。在此过程中，幼儿需要不断增强对社会的适应，包括对群体、社会交往、社会规则和社会任务的适应等。

（3）性教育

3—6岁是性别意识发生、发展的关键期。儿童早期形成的性概念和性准则，将影响其成年后的性观念和性行为，从而影响心理健康。对幼儿进行正确的性教育能促使其性心理的健康发展，并有助于幼儿形成良好的个性品质。教师要根据幼儿的年龄、心理特征循序渐进，因势利导，以生动活泼的方式对幼儿进行教育。

（4）心理障碍和行为异常的预防

教师要根据幼儿心理健康的标准，通过调查、观察、筛查与诊断等方法，及早发现幼儿的各类行为问题、心理障碍，确定问题的性质，

---

① 叶平枝，等．幼儿园健康领域教育精要：关键经验与活动指导［M］．2 版．北京：教育科学出版社，2024：94．

采取有针对性的措施，做到早预防、早发现、早教育、早治疗。

3. 体育锻炼

（1）基本动作练习

幼儿应通过练习掌握走、跑、跳、投掷、攀登、钻、爬等基本动作技能，做到灵活协调。每一类基本动作有多种形式。例如，投掷有单手肩上向前投掷、单手肩下向前抛滚、单手肩下侧向投掷、双手肩上向前投掷、双手肩上向后投掷、双（单）手肩下向上抛掷、双（单）手肩下向后抛滚、双手肩下侧向转体抛掷、双手胸前投掷。

（2）基本体操练习

幼儿应能跟随口号与音乐节奏做徒手操、模仿操和轻器械操等，并能够听口号进行队列队形的变化。

（3）体育游戏

幼儿喜欢参与体育游戏，在体育游戏中能获得积极的情绪体验，并让身体得到锻炼。幼儿应能遵守体育游戏的规则，并在户外体育游戏中注意安全。

（4）运动器械活动

幼儿能够借助运动器械进行体育锻炼。运动器械包括如滑梯、攀登架、钻爬洞等大中型固定运动器械，如摇马、儿童自行车、呼啦圈等中小型可移动运动器械，以及各种球类、跳绳、毽子等手持的小型运动器械。

（5）小肌肉锻炼活动

幼儿可以利用捏小球、捡豆豆等游戏来锻炼小肌肉，并增强手眼协调能力。

二、深度学习取向下健康教学活动的组织过程和策略

幼儿在日常生活中无时无刻不在接受着健康方面的教育，例如早睡早起，规律作息，合理膳食，不挑食、不偏食，并在生活和游戏中

常用到走、跑、跳、投掷、攀登、钻爬等动作。在此基础上，教师仍有必要组织专门的教学活动来支架幼儿的学习，帮助幼儿较系统、清晰地了解健康的含义与价值，在体育锻炼时掌握正确的动作要领。苏联学者乌索娃认为，幼儿所掌握的知识可分为两类：一类是比较简单的知识技能（简单经验），不用专门教学，在日常的生活、游戏和劳动中即可获得；另一类是比较复杂的知识技能（复杂经验），必须进行专门的教学方可掌握，这些知识技能虽然占比小，但对幼儿的发展却是非常重要和关键的。有目的、有计划地将幼儿的简单经验提升为关键的、可以建构的复杂经验的教学过程称为"作业教学"。这类教学活动旨在对幼儿已有经验和经验类型分析的基础上，进行少而精的集体教学，从而提升幼儿的关键经验，使幼儿获得更好的发展。[1]

在深度学习取向下，健康领域教学活动的组织过程一般为情境导入、探讨交流、示范讲解、实际应用等环节。不同类型的教学活动可以有不同的组织过程，以结合教学内容灵活促进幼儿的深度学习。

（一）不同类型健康教学活动的组织过程

1. 身体健康活动的组织过程

（1）创设问题情境

在导入阶段，教师可以利用小故事、视频、挂图、游戏等形式，创设问题情境，激发幼儿兴趣。问题情境应为幼儿提供直观感受，增进幼儿参与活动的热情与兴趣，并激发幼儿对学习内容的思考。例如，在中班活动"小熊拔牙"的导入环节，教师为幼儿播放了一小段动画，动画中的小熊牙疼得满地打滚，熊妈妈带小熊来到牙科去拔牙，由此引出活动主题"爱护牙齿"。

（2）分析原因

教师引导幼儿从不同角度去思考当前问题出现的原因，鼓励幼儿

---

[1] 冯晓霞. 幼儿园课程 [M]. 北京：北京师范大学出版社，2000：164.

合理推理、大胆猜测，剖析问题形成原因，以及影响问题解决的深层次因素。例如，观看动画《小猫钓鱼》后，教师设置问题引发幼儿思考："小猫为什么一条鱼都没钓到？"幼儿回顾视频中的故事内容，联系自身经验，并做出合理的推测，从而得出"小猫在钓鱼时三心二意，没有一心一意地去做事"的结论。

（3）示范讲解

教师亲自示范或请个别幼儿示范，并给出解释说明。例如，在"我会刷牙"活动中，教师请个别幼儿为大家展示刷牙方法，请其他幼儿认真观察，思考示范幼儿的刷牙步骤与方法是否合适，并请幼儿讨论："如何改进才能把牙齿刷得更干净？为什么？""哪里值得自己学习？为什么？"在这个环节，幼儿通过观察，对比示范幼儿的做法，反思自己的刷牙方式，并批判性地思考"哪些方法能更好地把牙齿刷干净"，促进了幼儿的深度学习。

（4）生活应用

鼓励幼儿在日常生活与学习中应用能够让自己保持健康的方法，并积极主动地把好方法告诉身边的人。例如，通过防拐演练活动，幼儿置身于模拟情境中，直观地感受到"骗子"是如何用花言巧语将小朋友拐走的。幼儿在与同伴、教师的讨论交流中，不断提升自己辨别"坏人"的能力，并知道在实际生活中遇到危险情况时应该如何保护自身安全。教师鼓励幼儿将自己学到的防拐小知识教给身边的朋友或家人。在此过程中，幼儿再次强化了"防拐骗"意识，同时增强了作为朋友和家庭成员的责任感。这份责任感也会迁移到生活其他方面。

2. 心理健康活动的组织过程

（1）情境导入

情境导入策略的价值在于使幼儿置身于真实有趣的情境中，通过体验场景中的事物，强化对知识、技能、情感等的印象，引发情感体验。① 教师在应用情境导入策略时，要通过语言引导、场景布置、联系生活、模拟现实场景等方式来营造幼儿熟悉的生活情境，积极为幼儿提供交流、实操、思考、体验的机会，促进幼儿社交能力、思维能力、应用能力的提升。② 例如，在大班活动"我的情绪小怪兽"的导入部分，开展"你做我猜"游戏，请幼儿两两一组，幼儿 A 做表情，幼儿 B 猜此时幼儿 A 的情绪状态。同伴之间的合作游戏能够引发幼儿的情绪体验，帮助幼儿认识情绪，为接下来的活动做好铺垫。

（2）表达交流

教师提出开放性问题，鼓励幼儿积极思考，大胆表达自己的想法，进而从幼儿的表达中整理归纳出能够引发幼儿讨论的话题，引导幼儿进行深入的交流，并鼓励幼儿迁移经验，解决问题。例如，在"认识我自己"的活动中，教师先请幼儿相互之间说一说"我眼中的他/她"是什么样子的，然后请被谈到的幼儿解释一下"自己为什么会给同伴留下这样的印象"，接着请幼儿说一说"我眼中的自己"。这样引导幼儿从多角度认识自己，辩证地看待自己的优势与不足，加深对自己的了解，从而鼓励幼儿保持、发扬自己的优势，努力弥补自身的不足。

（3）感受思考

创设能够引发幼儿认知冲突的问题情境，为幼儿提供解决问题的机会，引导幼儿在解决问题的过程中加深学习。例如，在中班活动"好朋友，陪我走"③ 中，教师讲述了故事《小胖熊吹气球》，并向幼儿提问："要是有一天你和其他小朋友闹矛盾了，比如其他小朋友喜欢的玩具不给你玩，抢你的小板凳或者不给你看你喜欢的图书，你会是

---

① 叶平枝，等. 幼儿深度学习课程设计与实施［M］. 北京：教育科学出版社，2022：93.

② 黄英杰，杨朝. 情景教学法在幼儿绘本教育活动中的应用策略［J］. 陕西学前师范学院学报，2021（4）：36-41.

③ 叶平枝，等. 幼儿园健康领域教育精要：关键经验与活动指导［M］. 2版. 北京：教育科学出版社，2024：97-98.

怎样的心情？"幼儿回答生气、不开心、不想和他玩了等之后，教师进一步提示："有的小朋友说不和他一起玩了，可是老师觉得这样做的话没有解决问题。我们一起来想想，还可以怎么做呢？"在此案例中，教师通过递进式提问，设计问题情境，引导积极思考解决问题的办法。

（4）实际运用

实际运用环节不一定要出现在某一次具体的教学活动中。一日生活皆教育。教师可以在一日活动中留心观察，抓住生活或游戏契机随机教育，引导幼儿应用新经验。例如，在关于情绪的教学活动中，教师引导幼儿学会认识与识别情绪，教给幼儿情绪调节方法，鼓励幼儿将所学到的方法运用到日常生活中。活动后，教师可以观察幼儿的情绪状态以及在情绪调节方面的变化，及时引导幼儿应用适宜的情节调节方法，并分析幼儿情绪调节方面还存在的不足，给予幼儿有针对性的引导。

3. 体育锻炼活动的组织过程

（1）热身活动

体育锻炼之前的热身一方面可以帮助幼儿充分活动关节，唤醒身体各部分的机能，避免幼儿在活动中受伤，另一方面可以作为正式活动的预备阶段，为幼儿接下来的活动提供缓冲。利用游戏、律动等形式进行热身，还可增强活动的趣味性，激发幼儿参与活动的兴趣。例如，在大班活动"好玩的跳绳"的热身环节，幼儿跟着儿歌做律动的同时，对跳绳运动中需要参与的身体部位进行了热身。"小鸟飞，飞啊飞，拍拍翅膀飞啊飞"，幼儿学习小鸟飞的样子，通过扇动手臂来锻炼上肢；"小鸭走，走啊走，摇摇摆摆走啊走"，幼儿学习小鸭走的样子来锻炼下肢；"小象走，走啊走，甩甩鼻子走啊走"，幼儿后背挺直，弯腰身体前倾，手臂垂直于地面，锻炼腹背；"小马跑，跑啊跑，蹬蹬马蹄跑啊跑"，通过双脚交替跳跃提高幼儿心率，促进心肺功能。幼儿通过吟唱节奏轻快、韵律十足的儿歌，结合生动形象的动作，不仅实现了热身，还为后续活动开展做好了准备。

（2）示范讲解

教师亲自或邀请个别幼儿为全体幼儿分步骤做示范动作，并讲解动作要领。在此过程中，教师应特别提示幼儿做动作过程中的注意事项，引导幼儿安全且高效地进行身体锻炼。例如，在学习体操时，教师为幼儿做单个动作的示范，并辅助语言讲解动作要领，鼓励幼儿按照教师示范的动作进行练习。其间，教师对幼儿的动作进行指导，纠正不规范的姿势，并对幼儿进行安全提示，以避免由于动作不到位造成不必要的损伤。

（3）自由游戏

教师可以通过游戏发展幼儿某一方面或几方面的运动技能，提高幼儿的身体素质，并培养幼儿遵守规则、合作乐群的优良品质。教师应当给予幼儿充足的自由游戏时间，可以采用独自游戏、两两结伴游戏、小组合作游戏的方式。例如，在大班活动"好玩的轮胎"中，教师在游戏开始部分说："洪水来了，今天我们要做小小救援队，去给灾区的人民运送物资，你们敢不敢去？"随后，教师请幼儿组队，探索运送物资（轮胎）的好方法。幼儿在游戏中练习两人合作抬一个轮胎、四人合作抬三个轮胎和七人合作抬六个轮胎。在游戏中，幼儿锻炼了手臂和下肢的力量，提升了与同伴合作的能力，体验了帮助他人的快乐。[①]

（4）综合应用

幼儿可以将新的学习内容与已有经验联系起来，实现经验的迁移与应用。例如，幼儿在学会单人跳绳的基础上，可以逐步创新跳绳方式，并可以使跳绳与音乐结合，探索花样跳绳形式，包括两两合作跳、甩大绳、反手跳与交叉跳等。多样化、趣味性强的跳绳方式有利于维持幼儿的兴趣，不断提升幼儿的身体素质。

[①] 叶平枝，等. 幼儿园健康领域教育精要：关键经验与活动指导［M］. 2版. 北京：教育科学出版社，2024：175.

（二）健康教学活动的常用策略

1. 重视示范讲解，关注行为锻炼

示范是指教师以自身行为作为范例，指导幼儿进行模仿学习的方法，即为幼儿树立可供模仿的榜样，让幼儿可以通过感知与模仿等形式，学习榜样的行为，从而逐渐培养起自己的习惯。"在幼儿健康心理和行为的形成过程中，具有影响作用的榜样是父母和教师的行为。"[①]

讲解是指教师通过言语指导，帮助幼儿理解和掌握活动或练习内容，领会动作关键要领和健康生活基本准则的一种方法。例如，教师在指导幼儿学习翻跟头动作时，先语言讲解动作流程与注意事项，帮助幼儿形成对动作初步、完整的认识，尽可能地消除幼儿因为不了解产生的恐惧；然后，教师邀请一位熟练掌握翻跟头技能的幼儿为全班幼儿做示范，使抽象的知识具体化与形象化，帮助幼儿学习翻跟头。

幼儿需要在示范与讲解之后进行行为锻炼，才能熟练地掌握技能，形成行为习惯。在此过程中，教师应不断观察，并给予及时指导。例如，在学习七步洗手法后，教师要求幼儿每次洗手都按照七步洗手法，并不时观察指导，带领幼儿逐渐养成良好的洗手习惯。

2. 注重情境创设，强调幼儿的感知与体验

幼儿的思维以具体形象思维为主，他们通过直接感知、实际操作、亲身体验等方式来获得对世界的认识。重视幼儿在情境中的体验，遵循幼儿的认知发展规律，可以提高幼儿的参与感及学习兴趣，使他们的学习更加投入。例如，教师在组织保护牙齿为主题的教学活动时，依托绘本故事内容，创设了"小熊拔牙"的情境，并提前为幼儿准备了牙刷、牙膏与漱口杯等工具，引导幼儿一边读儿歌，一边来体验正确刷牙的步骤与方法。

[①] 叶平枝，等. 幼儿园健康领域教育精要：关键经验与活动指导［M］. 2 版. 北京：教育科学出版社，2024：106.

3. 遵循幼儿的学习特点，借助游戏开展活动

对于幼儿来说，游戏是最让人愉快的学习方式。幼儿可以全身心地投入到愉快的游戏情境中，在积极的情绪体验中收获快乐与成长。游戏能将幼儿难以理解或枯燥无味的动作和身体素质练习变成有趣的模仿活动或具体的游戏情节，提高幼儿练习的兴趣。例如，游戏"老狼老狼几点了"中，在老狼说了具体几点之后，小羊要判断自己与老狼之间的距离，来决定自己的步子需要迈多大；当老狼说"开饭了"时，小羊为了避免被老狼抓住，需要快速朝相反方向跑，而且在跑的过程中还需要注意躲避其他小羊，以免相撞。这个游戏训练了幼儿快速跑与躲闪跑的能力，同时锻炼了幼儿对空间距离的感知力与判断力。

三、健康教学活动中幼儿深度学习困境与解决

（一）幼儿深度学习困境

1. 幼儿学习停留于浅层，教师给予幼儿的支持与引导不到位

在健康领域教学活动中，幼儿对于健康知识的掌握或运动技能的习得常常停留于浅层。很多教师自身缺乏对健康领域相关知识的认识与了解，在教学活动中给予幼儿的支持与引导有限，对于幼儿的提问与困惑也不能及时回应与解答，这对教学活动质量造成了一定的影响。例如，在"认识人体器官"活动中，教师向幼儿出示图片，只告诉幼儿肺在人体的什么部位，肺的形状是什么样的，却全程没有提及肺的功能及对人体的重要价值。这就会使幼儿对肺的认识停留于简单记忆层面，不能真正理解肺与我们身体和生活的联系，也无法将所学知识迁移应用到生活中。这样的教学活动对幼儿的发展价值十分有限。体育锻炼活动中也存在类似的问题。例如，在"踢毽子"教学中，教师只是一味地让幼儿模仿着踢，没有分步

骤向幼儿介绍动作要点，也没有组织幼儿循序渐进地练习，大多幼儿只能照猫画虎地吃力模仿，甚至部分幼儿由于姿势不当遇到了一些安全方面的问题。

2. 幼儿学习中知与行脱节，教师缺乏对教学效果的持续跟踪

在教学活动之后，幼儿可以将"如何保持健康"讲得头头是道，但是在实际生活中仍然会出现各种各样的行为问题。如通过"均衡膳食"主题活动的开展，幼儿知道多吃蔬菜可以让自己长得高、身体棒，但是在实际吃饭的时候可能还是依照自己以往的饮食习惯，没有有意地去增加蔬菜的摄入，甚至还可能挑食，造成营养不良。有些教师在教学活动后缺乏对教学效果的持续跟踪，这样就不能保证教学活动中学到的内容落实到幼儿实际生活当中，造成幼儿的知与行脱节。

3. 幼儿活动受场地与时间的限制，教师的教学观念有待提升

幼儿园活动场地小或规划布局不合理，没有足够宽敞的空间供幼儿开展户外游戏与体育锻炼，严重限制了幼儿在健康领域的学习与发展。同时，有些幼儿园管理者和教师本着"安全第一"的原则，减少了幼儿体育活动时间和运动量，以尽可能地规避安全风险。教师的"小心翼翼"使得幼儿的体育活动质量与时间得不到保证。幼儿玩得不尽兴，而且总是被提示"不玩危险的游戏"，使幼儿的体育游戏失去了挑战性与创造性，阻碍了幼儿深度学习。

4. 幼儿心理健康教学被忽视，教师的教学方式有待完善

感受是幼儿心理健康教育的启动器，体验是幼儿心理健康教育的具体途径，表达是幼儿心理健康教育的验证手段。在当前幼儿园心理健康教学活动中，很多教师对幼儿的感受与体验关注不到位，幼儿的主体地位在活动中得不到充分的发挥与保证，导致教学活动效果不尽人意。例如，在某次心理健康教学活动中，教师全程只是引导幼儿针对给出的案例说出自己的感受，试图让幼儿站在他人的角度考虑问题，但这对幼儿来讲有一定的难度。因为活动中完全没有幼儿能够实际操

作和亲身体验的环节，而且教师在活动中语言主导过多，幼儿的参与、体验少。

（二）建议

1. 教师需加强对学科教学知识的学习，关注幼儿学习与发展的核心经验

幼儿教师的学科教学知识对于教学活动质量起着至关重要的作用。教师应树立终身学习的理念，不断完善、更新自己的知识库。在组织教学活动时，教师需要对教学内容知识、教学方法知识和教育对象知识有清晰、准确的把握。此外，教师要重点关注健康领域幼儿学习与发展的核心经验，在教学中抓住重点，使健康教学活动更有效。

2. 制定切实可行的方案，帮助幼儿将认知提升与行为转变统一起来

教师需要对教学效果进行持续追踪。教学本身不是目的，幼儿能用学到的知识、获得的经验指导实践，行为向好发展才是目的。习惯的养成不是通过组织几次教学活动就能实现的，而是需要在生活中日积月累的实践。这就体现出家庭与幼儿园之间相互配合的重要性。幼儿园制订有效的家园沟通计划，借助家长的力量，通过家园联动去帮助幼儿养成良好的习惯。同时，教师可以在班级中与幼儿以游戏的形式签订《习惯养成契约》，不仅能够促进幼儿良好习惯的培养，也有利于幼儿契约精神的养成。

3. 加强幼儿园体育运动场地的空间规划和器械安全检查，增强幼儿的自我保护能力

定期对幼儿园的大中型游乐设备和器械进行安全检查，消除安全隐患，保证幼儿可以安全地进行游戏。根据幼儿园的实际情况，合理布局活动场地，利用多种形式提升园内空间的利用效率。在活动器械的选择方面，要遵循幼儿的身心发展特点与需求，挑选趣味性强、幼儿感兴趣且能够对幼儿身体素质提升有实际帮助的器械，避免出现利用率低的活动器械占据幼儿实际活动空间的情况。

幼儿园要重视对幼儿的安全教育，将安全教育渗透在幼儿生活与学习的方方面面，不断提升幼儿自我保护的意识与能力。教师在组织幼儿游戏前，要做好安全提示，并且在园内存在安全隐患的地方，张贴醒目且幼儿能够理解的警示牌，以尽可能地提醒幼儿规避风险。

4. 积极探索与创新幼儿心理健康教学活动的有效组织形式，关注幼儿的体验与感受

幼儿园可通过定期开展讲座或以培训等形式，提高教师对幼儿心理健康教育的关注与重视。在组织园内各项活动时，要遵循幼儿的身心发展特点，重视对幼儿的心理关怀。园所也可定期组织教研活动，探讨幼儿心理健康教育活动开展方式与策略。

教师需要重视幼儿学习的整体性，在对幼儿进行健康教育的过程中兼顾幼儿情感、社会性与认知的共同参与，避免将幼儿各方面的经验抽离、割裂开来。

第二节　语言领域教学活动

一、目标与内容

（一）目标

1. 幼儿语言教育总目标

语言是交流和思维的工具。幼儿期是语言发展，特别是口语发展的重要时期。幼儿语言教育的目标是幼儿语言教育所期望的结果，是学前阶段语言教育任务要求的总和，是对幼儿语言教育目标最为概括的陈述。

《幼儿园教育指导纲要（试行）》中规定语言领域的目标有：①乐意与人交谈，讲话礼貌；②注意倾听对方讲话，能理解日常用语；③能清楚地说出自己想说的事；④喜欢听故事、看图书；⑤能听懂和会说普通话。

《3—6岁儿童学习与发展指南》在语言领域规定了"倾听与表达"和"阅读与书写准备"两类学习与发展目标。"倾听与表达"部分目标包括：①认真听并能听懂常用语言；②愿意讲话并能清楚地表达；③具有文明的语言习惯。"阅读与书写准备"部分目标包括：①喜欢听故事，看图书；②具有初步的阅读理解能力；③具有书面表达的愿望和初步技能。

综合来看，幼儿语言教育总目标强调幼儿听、说、读、写四种能力的培养，重视语言学习品质（如乐意、喜欢、大胆、主动等）的培养。教师应注重幼儿语言学习中积极情感态度的培养，关注幼儿语言运用能力的培养，重视支持性语言环境的创设。

2. 幼儿语言教育的年龄阶段目标

幼儿语言教育的年龄阶段目标将语言教育目标细分为不同年龄的具体要求，形成了逐步提高要求的目标序列。尽管整个学前教育阶段的语言发展表现出了一定的共性和连续性，但将语言教育目标分化为各年龄段的具体要求，有助于引导幼儿逐步达到语言教育的总目标。《3—6岁儿童学习与发展指南》对幼儿语言教育分年龄目标要求见表3-5、表3-6、表3-7。

表 3-5　小班语言教育目标

倾听与表达	1. 认真听并能听懂常用语言	1. 别人对自己说话时能注意听并做出回应
		2. 能听懂日常会话
	2. 愿意讲话并能清楚地表达	3. 愿意在熟悉的人面前说话，能大方地与人打招呼
		4. 基本会说本民族或本地区的语言
		5. 愿意表达自己的需要和想法，必要时能配以手势动作
		6. 能口齿清楚地说儿歌、童谣或复述简短的故事
	3. 具有文明的语言习惯	7. 与别人讲话时知道眼睛要看着对方
		8. 说话自然，声音大小适中
		9. 能在成人的提醒下使用恰当的礼貌用语
阅读与书写准备	1. 喜欢听故事，看图书	10. 主动要求成人讲故事、读图书
		11. 喜欢跟读韵律感强的儿歌、童谣
		12. 爱护图书，不乱撕乱扔
	2. 具有初步的阅读理解能力	13. 能听懂短小的儿歌或故事
		14. 会看画面，能根据画面说出图中有什么，发生了什么事等
		15. 能理解图书上的文字是和画面对应的，是用来表达画面意义的
	3. 具有书面表达的愿望和初步技能	16. 喜欢用涂涂画画表达一定的意思

表 3-6　中班语言教育目标

倾听与表达	1. 认真听并能听懂常用语言	1. 在群体中能有意识地听与自己有关的信息
		2. 能结合情境感受到不同语气、语调所表达的不同意思
		3. 方言地区和少数民族幼儿能基本听懂普通话
	2. 愿意讲话并能清楚地表达	4. 愿意与他人交谈，喜欢谈论自己感兴趣的话题
		5. 会说本民族或本地区的语言，基本会说普通话，少数民族聚居地区幼儿会用普通话进行日常会话
		6. 能基本完整地讲述自己的所见所闻和经历的事情
		7. 讲述比较连贯
	3. 具有文明的语言习惯	8. 别人对自己讲话时能回应
		9. 能根据场合调节自己说话声音的大小
		10. 能主动使用礼貌用语，不说脏话、粗话
阅读与书写准备	1. 喜欢听故事，看图书	11. 反复看自己喜欢的图书
		12. 喜欢把听过的故事或看过的图书讲给别人听
		13. 对生活中常见的标志、符号感兴趣，知道它们表示一定的意义
	2. 具有初步的阅读理解能力	14. 能大体讲出所听故事的主要内容
		15. 能根据连续画面提供的信息，大致说出故事的情节
		16. 能随着作品的展开产生喜悦、担忧等相应的情绪反应，体会作品所表达的情绪情感
	3. 具有书面表达的愿望和初步技能	17. 愿意用图画和符号表达自己的愿望和想法
		18. 在成人提醒下，写写画画时姿势正确

表 3-7　大班语言教育目标

倾听与表达	1. 认真听并能听懂常用语言	1. 在集体中能注意听老师或其他人讲话
		2. 听不懂或有疑问时能主动提问
		3. 能结合情境理解一些表示因果、假设等相对复杂的句子
	2. 愿意讲话并能清楚地表达	4. 愿意与他人讨论问题，敢在众人面前说话
		5. 会说本民族或本地区的语言和普通话，发音正确清晰。少数民族聚居地区幼儿基本会说普通话
		6. 能有序、连贯、清楚地讲述一件事情
		7. 讲述时能使用常见的形容词、同义词等，语言比较生动
	3. 具有文明的语言习惯	8. 别人讲话时能积极主动地回应
		9. 能根据谈话对象和需要，调整说话的语气
		10. 懂得按次序轮流讲话，不随意打断别人
		11 能依据所处情境使用恰当的语言，如在别人悲伤时会用恰当的语言表示安慰
阅读与书写准备	1. 喜欢听故事，看图书	12. 专注地阅读图书
		13. 喜欢与他人一起谈论图书和故事的有关内容
		14. 对图书和生活情境中的文字符号感兴趣，知道文字表示一定的意义
	2. 具有初步的阅读理解能力	15. 能说出所阅读的幼儿文学作品的主要内容
		16. 能根据故事的部分情节或图书画面的线索猜想故事情节的发展，或续编、创编故事
		17. 对看过的图书、听过的故事能说出自己的看法
		18. 能初步感受文学语言的美
	3. 具有书面表达的愿望和初步技能	19. 愿意用图画和符号表现事物或故事
		20. 会正确书写自己的名字
		21. 写画时姿势正确

3. 幼儿语言领域教学活动的目标

对幼儿进行专门的语言教育，是为了给幼儿提供用语言进行充分互动的环境，使他们有机会对在日常语言交际中获得的语言素材进行提炼和深化，达到对语言规则的理解及有意识运用。语言教育需要通过游戏、生活和其他领域教学活动来渗透实施，也需要专门的语言教学活动来开展。

幼儿语言教育活动的目标是对幼儿语言教育总目标和分年龄目标的进一步细化和分解，有两种呈现方式。一是各学前教育活动所指向的幼儿语言发展目标，如游戏活动中有幼儿根据游戏角色和游戏内容进行谈话和讲述的目标，生活活动中有发展幼儿与他人语言交往的目标，美术活动中有幼儿在完成作品后向他人讲述作品的目标。二是专门的语言教学活动目标。幼儿语言教学活动可以分为谈话活动、讲述活动和文学作品学习活动。不同类型教学活动的目标各有侧重，常见目标与示例见表 3-8。

表3-8 语言领域教学活动常见目标与具体示例

类型	常见目标	具体示例
谈话活动	能围绕一定的话题谈话	围绕"我喜欢的图书"开展谈话时不跑偏到玩具等其他话题中
	掌握常见的交往语言和礼貌用语	在和同伴交流讨论的过程中,使用"请"等礼貌用语,不说脏话
讲述活动	能用完整、连贯的语句讲述图片和事件	教师出示一系列图片后,能够根据自己的理解和想象,排出顺序,构成完整、连贯的情节,并将故事内容讲述出来
	能有重点地讲述实物、图片和情境,突出讲述的中心内容	借助拼图讲述故事《美丽的小河》时,能够突出介绍大白鹅在河里发生的故事
	通过观察理解图片与情境中蕴含的主要人物关系和思想感情倾向	讲述故事《母鸡与苹果树》时,通过观察能明白大灰狼的坏心思和母鸡的机敏
文学作品学习活动	能根据图画书的内容进行续编和创编	《顽皮的小雨滴》中出现了很多场景,如屋顶上、雨伞上、池塘里,能指出雨滴能够掉落的其他地方,续编故事
	能根据故事书的插图来猜想故事情节的发展	看《母鸡与苹果树》图中苹果树逐渐变成了大灰狼的样子,能猜想一下苹果树是由谁变成的

(二)幼儿语言教学活动的内容

幼儿对语言的学习主要包括对语音、语义、语法的理解和表达以及语言运用能力的发展。幼儿语言教育的内容包括语音、词汇和语法三个部分。

1. 语音

幼儿期是语音可塑性最大的时期。汉语的每个音节一般包括声母和韵母。汉语语音的重要特点是有声调，字音相同声调不同，表达的意思也就有所不同。教师需培养幼儿正确掌握1300多个发音音节。

幼儿，特别是小班幼儿，发音器官发育不够完善，可能会有发音不准的现象。例如，许多幼儿3岁时不能精确分辨近似音，发音时出现互相替代的现象。要想让幼儿发音准确，首先需培养幼儿听音辨音的能力。例如，帮助幼儿辨析 zh、ch、sh、z、c、s 等近似音，为幼儿正确感知与学习词音打好基础。

2. 词汇

幼儿对事物的认识，对语言的掌握，都是从词开始的。词汇是词的总汇。掌握词汇多少，直接影响口语表达能力，影响思维发展和认识能力的提高。已有研究表明，3—6岁是人一生中词汇量增加最快的时期。幼儿先掌握实词，后掌握虚词。实词中最先和大量掌握的是名词。"3—6岁儿童词汇中名词占主导地位，约占51%；其次是动词，占20%—25%；再次是形容词，约占10%以上。"[1] 随着年龄增长，生活范围扩大，认识能力发展，幼儿的词汇量迅速增加，对所掌握每一个词的理解也逐渐确切和深化。幼儿掌握词的多种意义，这能够帮助幼儿积极地运用该词。

教师在丰富幼儿的词汇时，需有计划地在语言教学活动中教幼儿掌握各类常用词，提供的新词应以实词为主。同时，教师应帮助幼儿理解词义，借助有关材料为幼儿提供词汇的直观信息，引导幼儿联系上下文或根据自己已有经验理解词义，进而学会正确运用词汇。

3. 语法

在语法学习方面，幼儿表现出了相似的发展过程与特点：句型从不完整向完整发展，语句结构处于不断发展变化中，语法由压缩、呆板到逐步扩展和灵活，句子的含词量不断增加。[2] 在2岁以后，幼儿的

---

[1] 张明红. 学前儿童语言教育和活动指导［M］. 上海：华东师范大学出版社，2014：105.

[2] 成军，张淑琼. 幼儿园教育活动设计与实施［M］. 北京：高等教育出版社，2016：92.

简单句逐渐增加，复合句比例相对较少。随着年龄增长，幼儿使用的复合句比例会增加，但到了学前教育阶段晚期比例仍然在50%以下。[①]教师需培养幼儿清楚、完整地表述，用游戏等方式提高幼儿说完整句的积极性。

幼儿语言教育的最终目的是培养和提高幼儿的口头语言表达能力。教师需帮助幼儿正确地发音和运用词语，也需要帮助幼儿按照语法规则进行对话，养成良好的倾听与交谈习惯。

二、深度学习取向下语言教学活动的组织过程与策略

幼儿园语言教学活动是有目的、有计划、有组织地对幼儿进行语言教育的过程。语言教学活动是组织和落实语言教育任务的具体方法，是实现语言教育目标的有效路径，应遵循幼儿自主参与、规范与自由相统一和促进幼儿语言发展的原则。教师可以按照"创设情境、引入经验、反思迁移经验"的顺序开展语言教学活动。

（一）不同类型语言教学活动的组织过程

1. 谈话活动

谈话活动着重于"谈"，应围绕具体、有趣、贴近幼儿生活的经验进行。首先，幼儿需对该话题具有一定的熟悉度，如生活中常见的快递、红绿灯，生病了去医院等贴近幼儿生活的话题，这些话题能提高幼儿谈话的兴趣。其次，要使幼儿对中心话题具有一定的新鲜感，如即将到来的节日、即将发生的好玩的事情。若节日已经过去很久了，则幼儿可能对此已丧失探讨的兴趣。教师在开展谈话活动时，可以遵循"创设宽松自由谈话氛围、围绕话题自由交谈、围绕话题拓展交流"

---

① 张明红. 学前儿童语言教育和活动指导［M］. 上海：华东师范大学出版社，2014：109.

的步骤开展。

首先教师需创设一个宽松自由的谈话氛围。若教师在活动开始时大声训斥幼儿，活动室会弥漫着不安的气息，这不利于幼儿的交流。教师需允许幼儿根据个人经验发表观点，说自己想说的话，不要求统一观点。除此之外，不特别强调使用规范化语言，重在参与语言交流，并不要求准确无误。

提出话题后，教师需给予幼儿充分自由讲述内心真实感受的机会，指导幼儿围绕中心话题大胆与同伴交谈，交谈对象自由，交谈内容自由，只要幼儿围绕话题开展即可，教师不必过多干涉，相反需鼓励幼儿想说、多说，让幼儿与同伴之间互相提问，加强知识的互相联结，促进深度学习的开展。

在幼儿运用已有知识经验充分交谈后，教师要适时将幼儿集中，以提问的方式帮助或启发幼儿学习新的谈话技能。一般来说，中心话题的拓展是逐步进行的：对谈话对象的描述和基本态度，为什么会有这种态度，对话题的新感受。例如在"百家姓"谈话活动中，教师从贴近幼儿生活的素材出发，引导幼儿围绕姓氏自由交谈，鼓励幼儿互相提问。在幼儿进行了已有经验的充分碰撞之后，教师带领幼儿进入拓展交流的环节。教师设计的中心话题拓展顺序是：幼儿对姓氏已有的了解、姓氏的起源、对中华传统文化的感受，逐层递进，帮助幼儿拓展思路或唤起更多的内心体验，在此基础上帮助幼儿获得新的交流经验。

2. 讲述活动

讲述活动重在培养幼儿独立构思和连续表述一定内容的语言能力。根据内容的不同，讲述活动可分为叙事性讲述、描述性讲述、说明性讲述和议论性讲述。讲述活动可以按照"感知理解讲述对象、运用已有经验自由讲述、引进新的讲述经验、巩固和迁移新的讲述经验"的顺序开展。

感知理解讲述对象主要通过观察进行，倡导通过多感官通道，如视觉、听觉、触觉等获取感知。如在"神奇的箱子"活动中，幼儿需在箱子中摸一样物品，通过触觉感知、猜测并讲述物品；在"夏天的池塘"话题里，幼儿分辨录音中各种动物的声音，并将各种声音联系起来，想象夏天池塘里发生的事情。

在幼儿感知理解讲述对象后，教师引导幼儿运用已有的经验进行讲述，可以分小组讲述、个别讲述或集体讲述。教师需在幼儿自由讲述前，交代清楚讲述的要求，且提醒幼儿注意倾听讲述者的讲述内容，发现讲述者的优点。

在开放性讲述之后，教师应为幼儿引进新的讲述经验，这是每次讲述活动的学习重点。引进新的讲述经验的方式是多种多样的，如教师示范新的讲述经验，通过提问等方法引进新的讲述经验，教师与幼儿一起讨论新的讲述思路。有教师在与幼儿一起讨论"我最喜欢的图书"的讲述思路时，说："刚才××小朋友讲得真好，他在讲述自己心爱的图书时，先讲了什么？先讲了图书的名字。再讲了什么？讲了图书中有什么内容。接下来又说什么？说了这本书的特点。最后说了什么？说了自己为什么喜欢这本书。"教师与幼儿共同讨论讲述顺序，给予了其他幼儿新的讲述思路。

在引进新的讲述经验后，教师需提供给幼儿实际应用的机会，让幼儿巩固、迁移新的讲述经验。在实际应用中，有由 A 及 A、由 A 及 B 两种方法。由 A 及 A 是教师在示范新的讲述经验后，让幼儿尝试新的讲述方式来讲述同一个情境或同一件事。例如，在学习"向日葵的一天"后，让小朋友向小班的弟弟妹妹讲述向日葵的一天。在这种情况下，教师需注意引导幼儿避免完全重复别人的话语。由 A 及 B 是指在学习新的讲述经验后，教师提供同类内容，让幼儿将新学习的讲述 A 的经验迁移到 B 的身上，如幼儿在学习讲述一本书之后，用同样的思路去讲述另一本书，以此帮助幼儿掌握新的学习经验。幼儿在学习新的讲述经验的基础上，实践、巩固、迁移，并在下一次的讲述活动中再次尝试，以此获得语言讲述能力的发展。

3. 文学作品学习活动

文学作品学习活动是以儿童文学作品为基本教育内容的语言教育活动。它从具体的文学作品入手，围绕该作品展开一系列相关的活动，帮助幼儿理解文学作品展现的生动有趣的情节和丰富优美的艺术语言。儿童文学作品主要包括童话、幼儿生活故事、诗歌、散文、谜语、绕口令等。文学作品学习活动的具体内容包括聆听与感受文学作品、朗诵与表演文学作品、仿编与创编文学作品。教师应先调动幼儿的已有经验，引导幼儿深度感受，并在探索的基础上进行表达创造，最后进行回顾。

托马斯（Thomas）和罗宾逊（Robinson）于 1972 年提出了 PQ4R 方法，这是一种适用于阅读的学习方法。该方法包含了六个步骤，分别为：预览（Preview）、设问（Question）、阅读（Read）、反思（Reflect）、背诵（Recite）和回顾（Review）。该学习方法兴起于美国，在我国主要应用于语文和外语阅读教学。

教师可以采用 PQ4R 的方法引导幼儿进行绘本阅读。预览指的是快速浏览材料，对主题有大致的了解。在预览前，教师可以营造文学作品的情境，引导幼儿快速投入。如在围绕《我的幸运一天》设计的活动中，一开始教师出示小猪等动物教具，并创设了森林的情境，一下子将幼儿带入故事的情境之中。接着，教师给幼儿发放绘本，幼儿浏览绘本。设问指教师基于故事预设一些简单的问题，如在哪里、什么事、谁、为什么等。在阅读中，幼儿寻找问题的答案，并且不断修正之前的答案，也不断产生新的问题，寻求更多的答案，了解故事的主要内容和主旨大意。反思指将所读内容变成视觉想象，并试图将新知识与已有知识经验联系起来，这也是深度学习的一个重要步骤。教师需要帮助幼儿对绘本进行深层次挖掘，实现从低级阅读向高级阅读的转变。背诵指在对阅读材料有比较深刻的理解后，通过标题、关键词等帮助幼儿进行回忆。回顾不仅关注基础知识的落实，更要培养幼儿分析问题与解决问题的能力，以及将已有知识迁移到新的情境之中的能力。

PQ4R 的阅读策略能够帮助幼儿掌握阅读内容的发展脉络，锻炼幼儿主动学习的能力。幼儿在对故事情节有所掌握的情况之下进行反思、背诵和回顾等，通过角色扮演等环节对故事进行主动探索，不断增强批判与反思能力，从而进行深度学习。如在《神奇糖果店》阅读活动中，教师出示各种颜色的糖果卡片，问："狗獾叔叔邀请我们一起到他的神奇糖果店买糖果，你会买些什么颜色的糖果呢？为什么？想要用来做什么呢？"当幼儿了解故事中买不同颜色糖果会遇到不同的故事后，就会根据自己的想法进行选择，并说出理由，有助于批判与反思能力的提升。

（二）语言教学活动的常用策略

1. 调动幼儿已有生活经验，提升幼儿的专注度与主动性

《幼儿园教育指导纲要（试行）》指出，幼儿园教育内容应既贴近幼儿的生活，选择幼儿感兴趣的事物和问题，又要有助于拓展幼儿的经验和视野。对幼儿最有价值的学习内容是与幼儿生活相关的，能以经验形式呈现的。幼儿基于日常生活中对周围世界的认识和探索，形成了自己的判断与体验，为未来的学习奠定了基础。

教师在语言活动的导入部分应首先调动幼儿的已有生活经验，一方面为幼儿的新旧经验联系奠定基础，另一方面吸引幼儿的注意力，使幼儿尽快投入活动之中。在《神奇糖果店》阅读活动中，教师在活动一开始就询问幼儿"喜不喜欢吃糖果""糖果是在哪里买的"，这些问题十分贴合幼儿的生活。几乎所有幼儿都喜欢吃糖果，教师立马吸引了幼儿的注意力。

2. 运用多种提问方式，加强幼儿知识的联系与建构

社会建构主义学习理论认为幼儿在与同伴合作学习过程中获得高于自己原有能力的新信息时，他们需要将新的知识内化，建构新的意义，认知改变由此发生。在语言教育活动开展过程中，教师希望能够

帮助幼儿积极发现问题，探索问题，从而激发幼儿的求知欲，实现知识的联系与建构，此时有效提问的策略运用尤为重要。有效提问能够引导幼儿不断思考，在帮助幼儿提升语言能力的同时，发展想象力、逻辑思维能力与发散性思维，促进幼儿主动建构与学习。有效提问能够推动深度学习。

教师应灵活提问，如进行描述性提问、思考性提问和假设性提问，提升幼儿语言表达能力，同时注重加强新旧知识的联系。教师应运用科学的提问方式和提问技巧，引导集体教学活动不断深入，不断深挖故事的情节或故事的寓意，从而形成良好的教学效果和教学氛围。如在一次《是谁嗯嗯在我的头上》阅读活动中，教师的提问总是围绕"有没有"和"能不能"展开："大狗有没有去厕所拉臭臭？""我们小朋友会不会随意大小便？""拉臭臭能不能直接在这里脱裤子？"[1] 对于这些封闭、重复的问题，幼儿只需观察图片，不需要多加思索，因此无法激励幼儿分析、验证，不能促进幼儿的深度学习。在《会动的房子》阅读活动中，教师从"故事中有谁？它们先后到达了哪些地方？听到了什么声音"等描述性问题，逐步过渡到"房子为什么会动？这是怎样的一只小乌龟？"等思考性问题，再到"假如你是小松鼠，你会叫乌龟带你去哪？它们还会听到什么声音呢？"等假设性问题。[2] 有的教师使用一些实物模型，如小白兔玩偶或者蝴蝶发卡等，幼儿不但能直观地看，还可以触摸，此时教师如再提出一些问题，引导幼儿进行阅读，则更易激发幼儿思考。有的教师会通过和故事情节相关且幼儿十分感兴趣的问题维持幼儿的注意力。教师应注意提问的内容应符合主题，不随意发散，且问题精炼简短，并能够引导幼儿深入思考。值得注意的是，教师在提问的同时，也要给予幼儿质疑、反问的机会，

---

[1] 叶平枝,等.幼儿深度学习课程设计与实施[M].北京：教育科学出版社，2022：100-101.

[2] 尚慧馨,董玉娟.学前儿童语言教育与活动设计[M].北京：科学出版社，2016：113.

倾听幼儿的问题，并给予回应与支持。教师的提问也应与旧问题相关联，一环扣着一环，不随意跳脱已有的问题框架，以此加强幼儿的知识建构。

3. 注重多感官通道的运用与多领域融合，提升幼儿的批判与反思能力

《幼儿园教育指导纲要（试行）》指出，发展幼儿语言的重要途径是通过互相渗透的各领域的教育，在丰富多彩的活动中扩展幼儿的经验，提供促进语言发展的条件。多感官通道的运用与多领域的融合，有助于幼儿批判与反思能力的提升。

在成人欣赏文学作品时，脑子里虽然很"热闹"，但外表相对比较平静。幼儿的动作尚未完全内化，仅凭语言符号对文学作品的加工，还无法使大脑"热闹"起来。为此，教师需要借用多感官通道，激发幼儿利用视听觉、感知觉等对作品进行动态加工，以此促进幼儿的批判与反思能力。例如在欣赏《大狮子和小老鼠》的活动中，在小老鼠即将被大狮子吃掉时，为了让幼儿感受到小老鼠的害怕情绪，教师在画面出现时播放紧张的音乐，幼儿一听到音乐，自然而然投入到角色中，不仅表现出害怕紧张，还争先恐后地帮助小老鼠想办法。这个过程不仅促进幼儿主动思考与探索，还推进了幼儿解决问题的能力。

教师的语言教学活动可以尝试与其他领域相结合。如故事《小熊开商店》中小熊开了一家鞋店，但这家鞋店经常关门，因为总是缺少顾客需要的鞋。[①] 大象要大鞋，老鼠要小鞋；小兔子穿四只鞋，蜘蛛穿八只鞋，而蜈蚣穿十六只鞋。小兔子、蜘蛛、蜈蚣为什么会穿不同数量的鞋呢？如果不解决这个问题，就会影响幼儿对作品的理解。为此，教师可以使用图片、幻灯片等形式穿插进行科学教育，只有这样才能

---

① 张明红. 学前儿童语言教育和活动指导 [M]. 上海：华东师范大学出版社，2014：190.

保证幼儿全面、细致地理解作品的内容及其巧妙之处，以此促进幼儿的主动思考和探索，提升批判与反思能力。

4. 充分发挥拓展环节的作用，发展幼儿高阶思维

高阶思维的运用是幼儿深度学习的重要特征之一。高阶思维指发生在较高认知水平层次上的心智活动或认知能力，表现为分析、综合、评价和创造。教师应充分利用拓展环节，使拓展环节成为一个综合应用场景，帮助幼儿发展高阶思维。如在《幸运的一天》欣赏活动中，教师在拓展环节询问幼儿："今天真是小猪幸运的一天啊！你猜接下来会发生什么事情呢？你们觉得这个故事好听吗？你觉得自己的幸运一天是怎么样的呢？"教师引导幼儿对小猪的幸运日开展想象和思考，并以此延伸创造自己的"幸运日"。在该过程中，幼儿综合运用已有经验对幸运日进行了想象与创造，发展了高阶思维。教师在设计拓展环节时，需想方设法让幼儿对本次活动的内容进行综合分析与创造，促进幼儿运用高阶思维，实现深度学习。

三、语言教学活动中幼儿深度学习困境与解决

（一）幼儿深度学习困境

1. 缺乏足够的教师支持行为，教师的课前准备不够充分

语言教学活动旨在为幼儿提供尽可能丰富、有益的经验，发展幼儿的语言。日常语言教学活动中往往会出现幼儿的回答出乎教师意料，教师接不上话，抑或是教师提出的问题、抛出的想法超出了幼儿的认知水平等现象。教师支持不足，不利于幼儿的理解和深度思考，比如下面教师和幼儿的对话。

教师：为什么春雨说能给春天带来万紫千红呢？

幼儿：我看见雨有红色、绿色、黄色。

教师：你看到雨的颜色。你们想不想听一听儿歌？

教师提出的疑问是为什么春雨能带来万紫千红的颜色，但是幼儿的回复是看到了雨有各种颜色，显然幼儿没有理解该问题，教师也并没有继续引导，而是进入了预设的"听儿歌"环节之中。幼儿得到的回应是浅层的，教师并没有继续搭建适宜有效的支架促进幼儿的深度学习。

教学活动的主题确定、内容选择、材料准备、环节设计，都与深度学习密切相关。教师在课前准备的过程中可能准备了充足的操作材料、幻灯片等，但若不了解回应幼儿的适宜方式，不能提出适宜本班幼儿的问题等，则对幼儿的帮助甚微。例如，封闭式问题无法调动幼儿的思维，难以有效帮助幼儿深度思考，自然无法促进其深度学习。当教师的提问没有较多的思考空间的时候，也就没有办法得到高质量的回应。"你回答得真完整""你的声音很响亮""你坐得真端正"等回应无法促进教学活动的深入进行。

2. 深度学习的过程与结果模糊，教师缺少有效的教学评价

在美术活动、数学活动和科学活动中，教师能通过幼儿的作品或动手操作等环节直观了解幼儿的具体发展，活动效果一目了然。相比之下，语言教学活动的效果评价更加动态，若缺乏有效的教学评价，则较难了解其教学效果。

很多语言活动看起来很热闹、欢快，如在某公开课中教师带着一群幼儿为了渡河，一起向一边冲去，之后又跑向另一边，活动看起来十分饱满欢乐，但如何在活动结束后对幼儿语言发展的具体情况进行全面把握，确认该语言活动是否真正达成了目标，这是值得探讨的。

3. 学习过程缺乏主体性和创造性，教学任务以复述文学作品为主

在访谈幼儿园教师时，不少教师提出了关于语言教学活动的困惑，如"常被认为是对幼儿僵化地'注入'"，"组织形式易变成单方面的灌输"，"讲述过程机械重复，连我自己都觉得没意思"，"如何让各环节更新颖"等。灌输式的教学方式，会使幼儿失去主体地位，甚至会

使幼儿兴趣缺失,严重影响幼儿语言学习的效果。例如在诗歌欣赏时,为了让幼儿能够复述句子,教师往往会重复句子好多遍。没有任何辅助方式,机械地重复句子,甚至一句句教读背诵,只会让幼儿觉得无趣,影响教学效果,不利于幼儿语言能力的发展。

复述与朗读能够增进幼儿对文学语言的理解与运用,增强幼儿语言感受能力与表达能力,并能够帮助幼儿感受语言表达的快乐。但有些教师在活动中过于强调文学作品的朗读与复述,且没采取适合幼儿的有效方法,使教学活动过于机械僵化,忽视幼儿在活动中的主体性,不利于幼儿深度学习。

4. 教学过程缺乏意义建构与经验迁移,教师忽视了文学作品关键信息

幼儿并非被动、机械、消极的信息接受者和观察者,他们主动对外界信息进行选择、加工,并通过与同伴、教师等人的交互,主动修正原有的认知,建构新的认知。在浅表的学习活动中,幼儿无法实现新旧经验的联系与迁移应用,更不用提发展高阶思维能力了。

如绘本《胆小的老鼠》主要讲述了胆小的老鼠跟着姐姐出门觅食,三番五次被不同的物体吓到,可最后却意外制服了真猫的故事。幼儿通过教师的讲述、提问等方式掌握了故事主旨大意,但教师在讲解的过程中忽视了贯穿绘本始终、出现于绘本底部的老鼠意外制服真猫的白线,因此未将白线早早引入幼儿的视线,而只是在最后环节草草开展介绍,且在回顾绘本情节进行提问时,仍然忽视了该白线的重要性。若教师的引导缺乏了引发幼儿批判性思考、意义建构与经验迁移的部分,幼儿没有接收到足够的支持,又如何开展深度学习呢?若教师提问:"小朋友们,请仔细思考,为什么画家要在每一页上都画这条白线呢?"以此引导幼儿思考、探究、深度解读,效果可能截然不同。

（二）解决建议

1. 重视语言教学内容的分析，给予幼儿有效的支架

教师应在掌握幼儿语言发展规律的基础上，制定适合本年龄阶段幼儿的语言教学活动目标与内容。教师需尊重幼儿语言发展的客观规律，循序渐进，切勿操之过急。

《幼儿园教师专业标准（试行）》指出，教师要充分利用各种教育契机，对幼儿进行随机教育，灵活运用各种组织形式和适宜的教育方式。教师的支持性行为表现在教师开展深度学习活动时是有目的、有计划而非随意的，而教育活动又应该是富有弹性的，因此教师可以根据幼儿的学习兴趣和需要等对活动做出灵活的调整。[①]

但在实际教育教学情况中，教师照搬现成教案的现象较为突出，较少根据本班幼儿实际情况做出调整。诚然，成熟的教学活动是值得我们学习的，但是不顾班级幼儿的实际语言发展水平，没有对具体实施环节进行相应的修改和调整，教学效果和教学目标的达成可能会大打折扣。

教师应对故事文本等进行深度挖掘，根据本班幼儿的实际语言发展情况做出灵活、有弹性的调整。比如在观摩课后，经常能听到教师发出感慨："这个内容我也在我们班上过，但是这个点我没有想到深挖，错过了一个能促进我们班幼儿语言学习的机会。"教师还应当思考，在本次语言教学活动中，在幼儿语言发展的基础上，是否也能发展幼儿的社会性、思维和情绪情感等方面？同时，教师也应重视教学材料的准备。材料的不充分会大大增加激发幼儿学习兴趣的难度。除了已准备的活动材料，还有哪些能够激发幼儿的兴趣，调动幼儿的已有经验，促进幼儿在语言教学活动中的深度学习？故事活动中还能穿

[①] 叶平枝，等. 幼儿深度学习课程设计与实施[M]. 北京：教育科学出版社，2022：39.

插哪种既能激发幼儿迁移经验，又能促进幼儿发展的游戏？教师的充分重视、充足准备与适宜支持，能够更好地激发幼儿的已有经验与学习兴趣，提高幼儿的语言能力。

教师对幼儿的应答也十分重要。实践中可以发现，对于教师提出的问题，幼儿常常会有不正确、不清晰、不全面的答案，这就需要教师提高自身的回应技巧，在不回避问题的前提下，给予幼儿必要的指导与帮助，引导幼儿运用自身经验探究问题，寻找答案。教师有能力接住幼儿抛来的"球"，然后将其巧妙地抛回给幼儿。提问的过程是一个师幼互动的过程，教师提问、幼儿回答、教师反馈，这个过程能够有效推动教学过程，促进幼儿深度思考。

与此同时，多一些追问、质疑和换位思考也是必要的。例如在绘本《第一次上街买东西》欣赏活动中，5岁的美依在妈妈的指派下，一个人上街买牛奶，完成了人生第一次独立"冒险"。绘本语言清新爽直，风格温暖舒适，特别贴近现实生活，让读故事的幼儿感到无比亲切。在该绘本的教学过程中，教师根据故事画面问了很多问题，比如：美依怎么啦？她为什么哭？你从哪里看出来的？等到后面她买好牛奶以后，教师又问：美依怎么了？这回她为什么哭了呀？这些问题都是停留在对表层信息的一种简单的获取上，其实教师不妨这样提问："为什么之前美依摔跤都没怎么哭，而现在买到牛奶却哭了呢？"这个问题能够引发幼儿联系各种情境，对比人物心理的变化，更深度地去理解美依的内心转折。有深度、有质量的提问可以帮助幼儿不断联想，思考人物心理与情感，有效促进幼儿深度学习。

2. 关注幼儿的动态表达，重视幼儿的主体地位

幼儿学习各种语言符号及其组织方式的过程，是在交流和运用语言的过程中主动建构的过程。在日常的语言交际环境中，幼儿会运用已经具备的语言经验来进行表达和沟通，应用语言活动中获得的知识。在该过程中，教师可以对幼儿是否在语言活动中获得一定的知识积累进行判断。

除此之外，教师应在语言教学活动中更注重幼儿表达的过程，重视幼儿的主体性地位，创设自由、宽松的表达环境。语言活动应该是交流互动的，是让幼儿想说、敢说、喜欢说并能获得积极回应的，而非教师自顾自地讲述，或只请极小一部分幼儿回答，同伴之间也应有更多商量和探讨的机会。教师需在动态过程如角色扮演、互动等环节中对幼儿进行评价。教师与幼儿的个别交流及幼儿之间的自由交谈，均是评价的重点。

与此同时，教师应尽可能地注意观察每个幼儿的语言表现，善于发现幼儿语言发展的差异，因材施教。对于幼儿正确的语言行为和习惯以及他们的进步，要随时予以鼓励强化。可以让语言发展较好的幼儿做示范者，为同伴提供模仿学习的样板。同时，也要及时发现和纠正幼儿的语言错误，避免重复不正确的语言。注意应以正面引导为主，避免因过于挑剔而降低幼儿模仿和学习的积极性。

有教师采用《汉语沟通发展量表》（PCDI）对8—30个月龄说普通话儿童的语言发展进行测评。该量表主要采用家长报告的方式，共为两个量表，"词汇和手势"适用于测定8—16个月龄的儿童，"词汇和句子"适用于测定16—30个月龄的儿童。教师可以根据结果对语言落后儿童进行筛查，对语言落后儿童干预效果进行评估。

目前已经有基于语料库对儿童方位词运用、中英状态变化动词句法和语义等内容开展的相关研究。周兢教授团队借助美国国际儿童语言中心 CHILDES 系统，集聚了大量0—8岁汉语儿童的语言发展数据，并基于语料库对汉语学前儿童语言发展进行评价与检测，证实了基于汉语儿童语料库的儿童语言发展测评是可行的。[①] 若未来教师能通过计算机输入本班幼儿的语料，并与语言发展常模、与不同年龄儿童词汇和语法发展指标系统对比，那么语料库的建设将能够帮助一线教师对

---

① 周兢，张义宾. 基于汉语儿童语料库构建的儿童语言发展测评系统［J］. 学前教育研究，2020（6）：72-84.

幼儿的语言发展水平进行科学有效的评价。

3. 多种途径引导幼儿欣赏作品，加强幼儿复述与朗读的趣味性

为避免出现教学形式单一、讲述过程机械重复等现象，教师可以通过多种途径引导幼儿欣赏文学作品，例如通过配乐朗诵让幼儿欣赏文学作品；通过图片呈现关键内容，激发幼儿倾听作品的兴趣；通过动画或情景表演等方式呈现作品。例如在绘本《小猴的出租车》教学活动中，小猴的出租车能够根据乘客的要求变化车厢。[①] 如果采用口述或者传统教具，较难体现一直变化的过程，幼儿只能靠教师的描述进行想象。如果运用多媒体，教师可以采用动画等形式，将变长、变大、弹出圆垫子的出租车不断具体形象地展现在幼儿面前。在每一遍的作品欣赏中，教师可以采用不同的途径，以此减少重复，同时更能吸引幼儿的注意力。

如何使幼儿饶有趣味地复述故事与朗读呢？教师可以将朗读与复述结合问答游戏、表演游戏、图谱或打击响板等乐器共同进行，抑或是采用多种有趣的游戏形式引导幼儿共同朗读，如由慢到快、掷骰子、击鼓传花等方法。如在绕口令《打醋买布》教学活动中，教师采用投掷骰子的方法，如果小朋友扔到了"1"，则朗诵绕口令第一句，依次进行。或是让幼儿用铃鼓一起伴奏，练习绕口令。

4. 帮助幼儿进行意义建构、经验迁移，促进幼儿批判性思维发展

建构主义学习理论认为，实现学习者的意义建构是学习过程的最终目标。教师可以采用思维导图、多符号表征的方式来帮助幼儿进行意义建构。思维导图作为一种可视化工具，最大的特点是能够将各个主题或者事物间的关系用相关的层级关系表现出来，同时图文结合呈现，将幼儿的思维过程可视化，帮助师幼双方更直观地了解思维过程。

例如在绘本《第一次上街买东西》的教学活动中，教师可以采用

---

① 郭咏梅. 幼儿园语言活动创新设计 [M]. 北京：中国轻工业出版社，2013：74.

思维导图的方式，边讲述故事情节边画，帮助幼儿厘清美依买牛奶过程中经过了哪条弄堂，遇到了哪些事情。在呈现思维导图的过程中，幼儿会清晰地感受到美依一次次的心理建设与鼓起勇气完成任务的决心。第一次上街买东西，看似生活中平淡的一件小事，但对于幼儿来说，却是一次磨炼，他们的内心会经历跌宕起伏。在此过程中，幼儿一方面能够加深对故事情节的理解，更好地了解故事的脉络和情感；另一方面能够学习美依的心理建设。好的素材不仅可以用在语言教学活动之中，更可以渗透在未来生活情境中。让作品链接到幼儿自身，投射到他们的生活当中，服务于他们的生活，这样既促进了幼儿的深度学习，也会使语言教学活动更有意义。

第三节 社会领域教学活动

一、目标与内容

（一）目标

1. 幼儿社会教育总目标

幼儿社会教育指在教育者或家长的引领下，幼儿通过多种积极有效的途径参与进行的，以增进社会认知、激发社会情感、引导社会行为为目的，以社会生活及人文社会知识为基本教育内容，最终促进幼儿社会性发展的教育过程。[①] 幼儿社会教育的目标是对幼儿社会教育最终结果的期望与概括表达，是学前教育阶段社会教育任务要求的总和。

《幼儿园教育指导纲要（试行）》中规定社会领域的目标有：①能主动地参与各项活动，有自信心；②乐意与人交往，学习互助、

---

① 李焕稳. 学前儿童社会教育 [M]. 北京：北京师范大学，2016：27.

合作和分享，有同情心；③理解并遵守日常生活中基本的社会行为规则；④能努力做好力所能及的事，不怕困难，有初步的责任感；⑤爱父母长辈、老师和同伴，爱集体、爱家乡、爱祖国。

《3—6岁儿童学习与发展指南》将社会领域学习与发展目标分为"人际交往"和"社会适应"两方面。"人际交往"部分目标包括：①愿意与人交往；②能与同伴友好相处；③具有自尊、自信、自主的表现；④关心尊重他人。"社会适应"部分目标包括：①喜欢并适应群体生活；②遵守基本的行为规范；③具有初步的归属感。

整体来看，幼儿社会教育以促进幼儿的社会性发展为目标，致力于促进幼儿形成健康的自我意识，发展人际交往能力和社会适应能力，增进对社会的理解和认识，具有初步的归属感。

2. 幼儿社会教育的年龄阶段目标

幼儿社会教育的年龄阶段目标是总目标在各年龄段上的具体体现。《3—6岁儿童学习与发展指南》对幼儿社会教育年龄阶段目标表述如表3-9、表3-10、表3-11所示。

表 3-9　小班社会领域教育目标

人际交往	1. 愿意与人交往	1. 愿意和小朋友一起游戏
		2. 愿意与熟悉的长辈一起活动
	2. 能与同伴友好相处	3. 想加入同伴的游戏时，能友好地提出请求
		4. 在成人指导下，不争抢、不独霸玩具
		5. 与同伴发生冲突时，能听从成人的劝解
	3. 具有自尊、自信、自主的表现	6. 能根据自己的兴趣选择游戏或其他活动
		7. 为自己的好行为或活动成果感到高兴
		8. 自己能做的事情愿意自己做
		9. 喜欢承担一些小任务
	4. 关心尊重他人	10. 长辈讲话时能认真听，并能听从长辈的要求
		11. 身边的人生病或不开心时表示同情
		12. 在提醒下能做到不打扰别人
社会适应	1. 喜欢并适应群体生活	13. 对群体活动有兴趣
		14. 对幼儿园的生活好奇，喜欢上幼儿园
	2. 遵守基本的行为规范	15. 在提醒下，能遵守游戏和公共场所的规则
		16. 知道不经允许不能拿别人的东西，借别人的东西要归还
		17. 在成人提醒下，爱护玩具和其他物品
	3. 具有初步的归属感	18. 知道和自己一起生活的家庭成员及与自己的关系，体会到自己是家庭的一员
		19. 能感受到家庭生活的温暖，爱父母，亲近与信赖长辈
		20. 能说出自己家所在街道、小区（乡镇、村）的名称
		21. 认识国旗，知道国歌

表 3-10　中班社会领域教育目标

人际交往	1. 愿意与人交往	1. 喜欢和小朋友一起游戏，有经常一起玩的小伙伴
		2. 喜欢和长辈交谈，有事愿意告诉长辈
	2. 能与同伴友好相处	3. 会运用介绍自己、交换玩具等简单技巧加入同伴游戏
		4. 对大家都喜欢的东西能轮流、分享
		5. 与同伴发生冲突时，能在他人帮助下和平解决
		6. 活动时愿意接受同伴的意见和建议
		7. 不欺负弱小
	3. 具有自尊、自信、自主的表现	8. 能按自己的想法进行游戏或其他活动
		9. 知道自己的一些优点和长处，并对此感到满意
		10. 自己的事情尽量自己做，不愿意依赖别人
		11. 敢于尝试有一定难度的活动和任务
	4. 关心尊重他人	12. 会用礼貌的方式向长辈表达自己的要求和想法
		13. 能注意到别人的情绪，并有关心、体贴的表现
		14. 知道父母的职业，能体会到父母为养育自己所付出的辛劳
社会适应	1. 喜欢并适应群体生活	15. 愿意并主动参加群体活动
		16. 愿意与家长一起参加社区的一些群体活动
	2. 遵守基本的行为规范	17. 感受规则的意义，并能基本遵守规则
		18. 不私自拿不属于自己的东西
		19. 知道说谎是不对的
		20. 知道接受了的任务要努力完成
		21. 在提醒下，能节约粮食、水电等
	3. 具有初步的归属感	22. 喜欢自己所在的幼儿园和班级，积极参加集体活动
		23. 能说出自己家所在的省、市、县（区）名称，知道当地有代表性的物产或景观
		24. 知道自己是中国人
		25. 奏国歌、升国旗时能自动站好

表 3-11　大班社会领域教育目标

人际交往	1. 愿意与人交往	1. 有自己的好朋友，也喜欢结交新朋友
		2. 有问题愿意向别人请教
		3. 有高兴的或有趣的事愿意与大家分享
	2. 能与同伴友好相处	4. 能想办法吸引同伴和自己一起游戏
		5. 活动时能与同伴分工合作，遇到困难能一起克服
		6. 与同伴发生冲突时能自己协商解决
		7. 知道别人的想法有时和自己不一样，能倾听和接受别人的意见，不能接受时会说明理由
		8. 不欺负别人，也不允许别人欺负自己
	3. 具有自尊、自信、自主的表现	9. 能主动发起活动或在活动中出主意、想办法
		10. 做了好事或取得了成功后还想做得更好
		11. 自己的事情自己做，不会的愿意学
		12. 主动承担任务，遇到困难能够坚持而不轻易求助
		13. 与别人的看法不同时，敢于坚持自己的意见并说出理由
	4. 关心尊重他人	14. 能有礼貌地与人交往
		15. 能关注别人的情绪和需要，并能给予力所能及的帮助
		16. 尊重为大家提供服务的人，珍惜他们的劳动成果
		17. 接纳、尊重与自己的生活方式或习惯不同的人

续表

社会适应	1. 喜欢并适应群体生活	18. 在群体活动中积极、快乐
		19. 对小学生活有好奇和向往
	2. 遵守基本的行为规范	20. 理解规则的意义，能与同伴协商制定游戏和活动规则
		21. 爱惜物品，用别人的东西时也知道爱护
		22. 做了错事敢于承认，不说谎
		23. 能认真负责地完成自己所接受的任务
		24. 爱护身边的环境，注意节约资源
	3. 具有初步的归属感	25. 愿意为集体做事，为集体的成绩感到高兴
		26. 能感受到家乡的发展变化并为此感到高兴
		27. 知道自己的民族，知道中国是一个多民族的大家庭，各民族之间要互相尊重，团结友爱
		28. 知道国家一些重大成就，爱祖国，为自己是中国人感到自豪

3. 幼儿社会领域教学活动的目标

幼儿社会领域教学活动的目标是总目标和年龄阶段目标的具体化，是教师通过一定的教学方法能够直接实现的目标。社会领域教学活动可以根据内容侧重点进一步细分为自我认识、社会交往、社会适应三类活动，其目标通常具有较强的可操作性。常见目标与示例见表3-12。

表 3-12　社会领域教学活动常见目标与具体示例

类型	常见目标	具体示例
自我认识教学活动	认识自己的优缺点，接纳自己	知道难过的时候轻轻哭也没关系，逐渐学会掌控自己的情绪
	通过游戏等形式，培养幼儿自我调节、自我管理的能力	了解整理书包的方法，养成"自己的事情自己做"的好习惯
社会交往教学活动	能使用交换玩具等简单交往技巧加入同伴游戏	学会通过交换玩具、友好沟通等加入同伴的交往技能，如告诉同伴可以在搭好的大桥上跑玩具小汽车
	通过语言大胆表达与他人交往的愿望	大胆向同伴发出小组讨论的邀请
社会适应教学活动	了解社会中的人、环境与现象、性别角色和社会文化等内容	了解中秋节的来历和习俗
	通过角色游戏等形式，对社会环境、社会结构等有直接的感受与体验	幼儿能够制订采访计划，完成现场采访，并通过新闻发布会角色扮演游戏对记者职业有更深的感受与体验
	通过游戏等形式接受新环境	幼儿能积极参与"跟新朋友打招呼"的游戏，很快融入幼儿园环境
	喜欢上幼儿园	幼儿能与同伴积极开展小组讨论，说出自己喜欢的幼儿园里的活动

（二）幼儿社会教学活动的内容

社会领域教学活动的内容很广泛。一切有助于增进幼儿自我认识与社会交往、促进幼儿社会适应的内容，都可以作为社会领域教学活动的内容。社会领域教学活动的内容还可以简单划分为指向自我、指向他人和指向社会环境三个方面。①

指向自我的内容以自我为轴心，可以引导幼儿初步了解有关自己成长的最基本的知识；初步培养幼儿的自信心、自尊心及独立性，以及最基本的自我控制和应变能力；引导幼儿正确认识自己，能够进行准确的自我评价；学会用恰当的方法表达自己的爱好、需求、情绪和情感。

指向他人的内容主要包含人际认知、人际情感和人际交往能力三个方面，即对他人的基本认知、和他人互动交往时建立的情感联结、对人际交往规则的掌握等内容。这类内容指向增进幼儿与人共同游戏、活动的意愿，帮助幼儿掌握问候、交谈、轮流、合作等参与活动的技巧和交往策略，帮助幼儿学习协调自己与他人的兴趣和想法，学会与人友好相处；培养幼儿关心、理解、尊重和赞赏他人，逐步接纳、尊重与自己的生活方式或习惯不同的人。

指向社会的内容包括社会认知、社会情感和社会归属感三个方面，即个体对周围环境的认识，对各种社会机构与职业角色的理解，对周围人和事物产生的态度与情感，对集体和组织的认同感，对民族、国家的归属感，具体包括：认识家庭、幼儿园、社区和公共场所等环境中的物质设施、人物关系、职业角色和行为准则等；初步了解社会职业和社会劳动关系，知道市场与买卖关系等粗浅的社会经济生活常识；了解家乡的地名、特产、名胜古迹、名人、传统节日等；了解国名、国旗、国歌、国徽等祖国的标志，以及祖国和世界其他国家著名自然景观、名人、名胜古迹等。

---

① 刘晶波，等. 幼儿园社会领域教育精要：关键经验与活动指导 [M]. 北京：教育科学出版社，2015：145.

二、深度学习取向下社会教学活动的组织过程与策略

（一）不同类型社会教学活动的组织过程

社会领域，尤其是社会态度和社会情感的学习，更多地需要在社会生活与社会交往中潜移默化地进行。教学的必要性通常出现在以下几种情形，如幼儿自我意识形成过程中需要教师专门引导来转变认知和进行行为调整时，幼儿在参与和适应群体生活、掌握行为规范和建立归属感的过程中有共性需求时，或者幼儿在人际交往中遇到了共同的困难时。社会领域的教学活动可以促进幼儿在社会认知、社会情感、社会行为等方面和谐发展。整体来看，社会领域教学活动的组织过程可以遵循"联系幼儿生活情景、指向问题解决的积极探讨与互动、经验学习与提升"的步骤开展。

1. 自我认识教学活动

从自我意识的构成要素来看，幼儿自我意识教学活动可以进一步分为发展自我概念和自我评价的活动、增强自我体验和自我调节的活动。在不同类型的教学活动中，教师应根据幼儿的成长需求突出重点。例如，在认识自我类活动中，抓牢自我概念、性别意识等重点话题；在自我体验类活动中，紧扣自尊自信等内容；在自我调控类活动中，抓住规则意识、规则遵守与调整能力的培养等内容。

在导入环节，教师应联系幼儿生活，通过创设情境唤醒与激活幼儿已有的生活经验。教师所创设的情境应是幼儿熟悉的生活情境。例如，在小班活动"表达心愿"中，教师创设了给娃娃过生日的情景。教师通过播放《生日快乐歌》，告诉幼儿娃娃快要过生日了。《生日快乐歌》是幼儿在生活中十分熟悉的歌曲。教师在教学中有意创设的情境应对幼儿的生活经验进行再组织，方便幼儿直观观察与分析。例如，在大班活动"了解自己的情绪"中，教师提前录制了小朋友

在幼儿园的生活片段，在教学现场播放视频，让幼儿关注视频中同伴的表情。

在唤醒和激活幼儿已有生活经验的基础上，教师应在教学活动中为幼儿提供交流互动的机会，并综合采用操作、体验、感受、表达与创造等多种形式，增加幼儿的社会交往，加深幼儿的体验。幼儿的自我意识是在交往互动中形成并发展起来的，幼儿尤其需要与同伴的互动。例如，在"找长处"活动中，教师引导幼儿寻找幼儿同伴的长处，制作赞美卡，让幼儿在相互欣赏、相互赞美的情境中交往互动。

在交流与互动的过程中，教师应适时引导和启发幼儿，增进幼儿的自我体验与认知。同时，教师可以在此过程中融入和渗透其他领域的内容，使幼儿获得更丰富的体验。例如，在中班活动"手指跳跳跳"中，幼儿合作找手指朋友，玩手指碰碰碰的游戏，不仅获得了自我意识方面的学习，也锻炼了手指的灵活性。

> **案例**
>
> ### 长大的我（大班）[1]
>
> 本次活动是在大班"了不起的中国人"主题背景下展开的一次教学活动。
>
> 1. 情境导入，引出"长大"的话题。
>
> 教师：前几天，我听到有个小朋友对她的爷爷说："爷爷，我从中班升到大班，我长大了。"
>
> 教师：她说得对吗？
>
> 教师：你觉得自己长大了吗？说说理由。

---

[1] 梁晓瑛. 大班学习活动 长大的我 [J]. 上海托幼，2022（Z1）：36-38.

小结：本领变多了，长高了，懂事了，都代表长大。在老师的眼里，你们天天都在长大。

教师：有没有想过长大以后要成为怎样的人？

教师：老师也像你们一样，是从小慢慢长大的。今天我要向你们介绍和我一样的大人。

2. 叙述情境，理解共产党员的榜样形象。

(1) 出示幼儿园共产党员老师的照片。

教师：这些大人都是幼儿园里的老师，你们认识吗？

教师：她们除了是老师，还有一个共同的身份，你们知道是什么吗？

教师：你们看到了徽章，这是一枚怎样的徽章？上面有什么？

小结：这枚徽章上方有一面鲜红的党旗，这就是共产党员的徽章。

(2) 出示共产党员老师为小朋友撑伞的照片。

教师：有一天放学，小班的弟弟妹妹正在老师的带领下走到校门口等家长来接。他们刚走了一半，突然下起了暴雨，雨越下越大，一路上没有雨棚，怎么办？

教师：看看她们身上的衣服，你还发现了什么？

教师：尽管老师手臂很酸，衣服被雨淋湿，但她们一直坚持着。她们这样做是为谁服务？心里想到的是谁？

教师：如果这些共产党员老师现在站在你面前，你想对她们说些什么、做些什么？

小结：幼儿园里的共产党员老师心里最先想到的是小朋友，时刻挂念的也是小朋友，她们为小朋友们做了很多好事。

(3) 播放各行各业共产党员为人民服务的视频。

教师：你看到哪些行业中的共产党员？

教师：他们说得最多的一句话是什么？

教师：有困难的时候谁先上？最危险的时候谁先上？他们说"我先上"是为谁服务？

教师：你觉得这些共产党员是怎样的人？

小结：生活中各行各业都有共产党员，他们心里想着人民，所以共产党员的徽章下面有五个字：为人民服务。

3. 表达学习榜样的意愿和对"长大的我"的向往。

(1) 出示展现教师自己成长的幻灯片。

教师：看看，老师是怎样慢慢长大的？猜猜我还想成为怎样的人。教师讲述自己的成长过程，帮助幼儿直观地理解成长的过程，同时为幼儿创设"寻找榜样、树立目标"的情境，帮助幼儿迁移"和老师共同找到成长目标"的经验，为自己找到成长的目标。

(2) 出示成长徽章。

教师：这是怎样的徽章？徽章上有什么？

教师：这些是成长徽章，它们都有名字，分别是服务章、谦让章、关爱章。

(3) 提供做"心中有别人"的好事的图片。

教师：怎样才能得到这些亮闪闪的成长徽章？这些图片上面都是小朋友在为别人做好事。

教师：看一看，图片中的小朋友做了哪些好事？可以得到哪一枚成长徽章？

幼儿抽取图片，教师交代操作要求：仔细观察图片；将图片与徽章对应摆放。

小结：只要"心中有别人"，像图片上的小朋友一样学做好事、多做好事，我们就能早日得到这三枚珍贵的成长徽章。

4. "我的成长尺"延伸活动。

(1) 介绍"成长尺"。

（2）总结：当"成长尺"越接越长，你也会越长越大，变成"心中有别人"的长大的自己。老师也和你一起努力，让我们互相鼓励、互相提醒、一起加油。

案例分析

教师紧密联系幼儿生活，以感受身边的共产党员榜样形象为主要线索，激发幼儿"做好事"的成长愿望。教师通过发现、认知、感悟的环节设计，引导幼儿有意识地关注身边的榜样形象，交流自己的感受和想法，引发幼儿在未来生活中不断学习"心中有别人"的榜样形象，并提供有意义的徽章与"做好事"图片，帮助幼儿理解成长的意义。活动延伸更是让每个幼儿都按自己的发展速度制定小目标，激发他们成为"心中有别人"的"长大的我"的愿望。

2. 人际交往教学活动

社会交往是人类社会生活的重要组成部分，渗透在日常生活的方方面面。社会交往对幼儿的心理健康以及社会化有着十分重要的作用。幼儿社会交往能力的获得，通常离不开温暖、轻松和平等的班级氛围。在社会交往教学活动中，教师需帮助幼儿掌握基本的交往技能，增进幼儿与他人交往的意愿；帮助幼儿学会互助、合作和分享，在交往过程中做到自主、自信和自尊；帮助幼儿协调自己与他人的想法和兴趣，学会与他人友好相处。教师可以遵循"体验、发现、修正"的步骤开展社会交往教学活动。

体验是让幼儿亲身去经历，在实践过程中动手动脑。社会交往教学活动需要让幼儿在与他人交往的过程中习得交往策略，形成积极的交往态度。例如，在活动"一起玩真快乐"中，教师告诉大家："每个小朋友手中有半个桃心，如果能拼成一个桃心，就可以成为好朋友。"教师在发放桃心时突破了幼儿原有的交往圈子，引导幼儿与平时不经常交往的同伴合作尝试拼桃心，扩大了幼儿的同伴交往范围，增进幼儿的同伴交往体验。当幼儿遇到不愿意合作拼桃心的同伴时，教师引导幼儿学习使用协商性语言尝试解决问题。

教师："为什么你不愿意和他做朋友呢？"

幼儿："他太凶了，没有礼貌，没有和我好好说话。"

教师："你应该怎么做呢？"

幼儿："我会友好地再问一遍，能不能和我拼桃心呢？"

发现问题、解决问题有助于促进幼儿在社会交往能力方面深度学习。在幼儿的群体交往中，常常有一些幼儿处于被忽视、被拒绝的劣势地位。教师需对这些幼儿的交往行为进行重点关注与指导，帮助他们掌握交往策略。

案 例

做客（中班）[①]

孩子们在晨间活动兴高采烈地谈论周末去别人家做客的情景，教师捕捉到了班级幼儿对做客和与人交往的浓厚兴趣，设计了本活动。

1. 情境导入。

（1）播放音乐，带领幼儿进入做客情境。

（歌词：砰、砰、砰，是哪个？开门，开门，请开门！啊！是个小客人！请坐，请坐，快请坐！）

[①] 陈文聪，梁丽娟. 做客（中班）[J]. 幼儿教育，2022（6）：50-51.

（2）播放邀请做客的视频，引导幼儿回忆做客经历。

（视频内容：三名大班幼儿坐在布置好的小家里，邀请本班幼儿去他们家里做客。"你们好，我是大二班的多多哥哥。我是满满哥哥。我是月月姐姐。今天我们想邀请你们来我们的家里做客！"）

教师：咦？这是谁发来的视频？我们一起来看一看吧！

教师：刚才我们收到了大班哥哥姐姐们的做客邀请，你们感觉怎么样？

幼儿：很期待，好想去啊！

教师：你们有去别人家做过客吗？我们去做客时需要注意些什么呢？

教师：有小朋友说要有礼貌，怎样才算有礼貌呢？

幼儿：要向主人打招呼问好，不能随便拿主人家的东西。

2. 开展游戏，通过榜样示范等方式帮助幼儿了解文明做客的礼仪。

（1）开展选择游戏：文明还是不文明？

（教师依次出示不同的做客情境，要求幼儿根据情境内容判断做客行为是否文明，并选择相应的指示牌，"笑脸"表示文明行为，"哭脸"表示不文明行为。）

教师：刚刚有小朋友选择了"哭脸"，为什么呢？

幼儿：在别人家乱扔垃圾是不文明的。

教师：那选择"笑脸"是为什么呢？

幼儿：阿姨给小客人递水果的时候，小客人说了"谢谢"。

（2）开展"找茬"游戏：怎样做才文明？

①教师出示幼儿选择的不文明行为图片，分组讨论应该怎么做：

教师：现在我把大家刚刚选择的不文明行为图片全部放在大屏幕上，请大家想一想，到底应该怎么做才文明呢？请你们在小组内讨论一下。

②请幼儿分享讨论结果。

教师：刚才我看到每个小组都讨论得很热烈，哪一组先来分享一下？

教师：他觉得乱扔垃圾、在墙上乱涂乱画会把家里弄得脏脏的，是不文明行为，应该在纸上画画，垃圾要丢到垃圾桶里，说得真好！

教师：还有没有补充的？

幼儿：要把玩具收拾整齐。

幼儿：玩什么就拿什么，这样就不会弄得乱糟糟的了。

幼儿：不能大喊大叫，会影响爷爷奶奶休息。

教师：你真是一个体贴的孩子。

幼儿：不能穿脏衣服脏鞋子去做客，会把别人家里弄脏的，应该穿干净的衣服和鞋子去做客。

小结：刚刚我们一起玩了选择游戏、找碴游戏，还进行了小组讨论，已经了解了做一个文明的小客人需要注意的语言、行为和衣着，下次大家去别人家做客时都要努力做到！

③榜样示范：还有哪些做客礼仪？

（教师播放文明做客的视频，视频内容为一名幼儿去别人家里做客的一系列行为，包括约定时间不迟到、在门口换拖鞋、与主人打招呼、给主人送礼物、说礼貌用语等。）

教师：东东也去做客了，我们一起看看他是怎么做的。

教师：视频中除了有你们刚才说到的文明行为外，你们还发现了哪些做客礼仪呢？

幼儿：约定的时间是9点，他很准时。

幼儿：他给主人带了一个小礼物。

教师：如果别人来你们家做客时给你带了一个小礼物，你会是什么心情呢？

幼儿：我会很开心。

教师：小朋友们观察得真仔细，送给主人一个小礼物也是一种做客时的文明行为。

3. 开展混龄游戏，帮助幼儿学做文明小客人。

（1）请幼儿自由选择到大班哥哥姐姐们的"家里"做客，教师拍照记录。

教师：小朋友们，约定的时间就要到啦，我们去哥哥姐姐们的家里做客吧！（幼儿按约定去做客，教师巡回观察，拍照记录幼儿在做客中的行为表现。）

（2）请幼儿分享自己的文明行为。

教师：去哥哥姐姐们的家里做客开心吗？

幼儿：非常开心。

教师：那你们做了哪些文明的行为呢？

教师：你们可真棒，都是文明的小客人，老师也帮你们把这些文明的行为记录下来了，我们一起来看一看。（教师分享视频，帮助幼儿回顾做客行为。）

4. 延伸活动。

教师创设"好邻居"角色游戏区，鼓励幼儿继续玩做客游戏，强化幼儿做客的文明行为。在幼儿理解和掌握的基础上，请幼儿学做小主人，邀请好朋友来家里做客，并结合生活实际，学习接待客人的文明行为，在活动中培养幼儿的交往自信。

案例分析

在该教学活动第一环节中，教师巧用视频创设幼儿受邀做客的情境，激发幼儿的活动兴趣，帮助幼儿总结已知的做客礼仪，

> 从而为后续幼儿在已有经验的基础上学习新经验搭建支架。第二环节通过小组讨论与游戏活动，引导幼儿了解做客时的语言、行为、衣着等基本礼仪。榜样示范是让幼儿通过观察模仿进行学习的一种方式。在该环节，教师通过播放示范视频，强化幼儿对文明做客礼仪的认识和理解，并通过具体情境，引导幼儿换位思考，了解文明做客会让主人和客人都感到开心。该环节不仅让幼儿在同伴交流中学会自主判断与解决常见的礼仪问题，还引导幼儿学习更多的礼仪。第三环节通过混龄游戏，让幼儿在游戏中践行做客的基本礼仪，体验礼貌做客的快乐，提升幼儿的社会交往能力。整体上，教师遵循了情境体验、发现问题、修正体验的步骤，不仅引导幼儿逐步在发现问题的基础上修正行为，自主体验做客，还促进了幼儿批判性思维的发展。延伸活动为幼儿提供了自由交往和游戏的机会，有利于幼儿练习和巩固做客、待客礼仪。

3. 社会适应教学活动

"社会适应"一词最早由赫伯特·斯宾塞提出，指个体逐渐接受现有社会的道德规范与行为准则，对于环境中的社会刺激能够在规范允许的范围内做出反应的过程。幼儿的社会适应表现为能够接受新环境，解决社会生活中的简单问题。幼儿社会适应的过程是一个自然扩展社会交往范围、参与社会生活的过程。在此过程中，教师要给予幼儿积极的关注、肯定，让幼儿做力所能及的各种事情，并及时指出幼儿的不足之处，引导幼儿加以改进。教师可以按照"创设情境、问题解决、经验学习"的步骤开展相应的教学活动。

在活动引入环节，教师应创设情境，有组织地再现幼儿在实际生活中会面临的社会适应挑战，帮助幼儿分析和应对挑战。幼儿很早就会表现出对外界环境和社会现象的好奇，并形成相应的社会认知。他们不是被动的个体，而是全身心地去感受、关注、欣赏。例如，在大班活动"离别情"中，教师引出幼儿即将毕业进入小学的话题，引导幼儿进入离别情境之中。

在活动过程中，教师应组织幼儿通过自主探究、与环境的直接作用等获得更多的社会适应经验。例如，在大班活动"幼儿园的房子"中，围绕"幼儿园有几座房子"这个问题，幼儿自由分组，提出猜想并进行调查，完成《幼儿园楼体调查表》。幼儿猜想与调查的过程是与同伴、环境积极互动的过程，这一过程从物质环境与人际环境两方面促进了幼儿对幼儿园的认识与适应。再例如，在大班活动"我是小记者"中，幼儿制订采访计划、完成现场采访后，开展新闻发布会角色扮演游戏。在该活动中，幼儿对记者职业有了更深层次的感受与体验。

（二）社会教学活动的常用策略

1. 注重情境与互动，引导幼儿主动体验

社会教育具有互动性（人际交往）和情境性（社会适应）特点，幼儿的社会性主要是在日常生活和游戏中通过观察和模仿潜移默化发展起来的。社会领域教学活动需要联系社会交往与社会情境才能够有效促进幼儿在自我意识、人际交往、亲社会行为等方面的发展。在社会领域教学活动当中，如果教师忽视真实社会教育情境，忽视幼儿交往互动过程中的教育契机等，就难以激发幼儿的学习兴趣，幼儿的社会交往能力也无法得到有效促进。

教师可以采取情境创设、人际互动等策略，帮助幼儿实现在社会教学活动中的深度学习。比如在大班社会活动"闹元宵"中，教师首先在活动室内创设元宵节喜庆的氛围，引导幼儿认识今天过的是什么节，然后为幼儿介绍元宵节的来历与民俗。在包元宵的环节，幼儿与教师相互交流，进一步加深对元宵节的认识。

2. 注重讨论和交流，指向问题解决与反思

这里的讨论是指教师和幼儿围绕某个社会问题进行思考和探讨。在讨论的过程中，教师和幼儿之间、幼儿与幼儿之间能够交流意见，相互启发，相互学习，不同想法的表达和观点的碰撞有助于幼儿去自我中心。

教师在引导幼儿进行讨论时，应创设轻松和谐的讨论环境，选择贴近幼儿生活的话题，并指向幼儿会遇到的社会问题的解决，例如如何和同伴友好交往，如何向同伴发出邀请等。讨论期间，教师需牢记讨论的目标并把握讨论的方向。讨论结束后，教师可以对幼儿的讨论进行点评与总结，纠正幼儿错误认识，强化幼儿正确认识，引发幼儿的思考与反思，促进幼儿深度学习。

3. 使用移情训练法，帮助幼儿迁移与应用

移情是设身处地体验别人情绪的过程。移情训练是教师通过故事表演等方法引导幼儿理解他人情绪情感，并表现帮助、同情、分享等亲社会行为。移情训练法能够帮助幼儿对他人的情感产生共鸣，有助于幼儿良好人际关系的建立。

移情训练法是社会领域的重要教学方法之一。教师可以结合情境表演法、行为训练法等，帮助幼儿更好地体会他人情绪情感。如在活动"特殊的新朋友"一开始，教师不急于介绍新朋友，而是先让幼儿体会到看不见东西时的心情是什么样的，再介绍新朋友（盲童）。此时幼儿会将看不见东西的体验与盲童的生活结合起来，理解盲童的生活情境。在理解、体验他人情绪情感的基础上，教师进一步引导幼儿关心他人，帮助幼儿实现知识的迁移与应用。

三、社会教学活动中幼儿深度学习困境与解决

（一）幼儿深度学习困境

1. 环境创设缺乏情境性与趣味性，较难调动幼儿的兴趣

社会生活是丰富多彩、生动活泼的，也是复杂、充满联系的。最大限度地贴近幼儿生活创设教学情境，尽可能真实地在幼儿面前展现社会生活情境，才能最大限度地激发幼儿的学习兴趣，帮助幼儿感知社会生活的丰富性，增进幼儿的社会认知，引导幼儿理解相关社会行为规范，践行有关的社会行为。

然而，很多社会领域教学活动容易出现情境单一、活动内容脱离幼儿现实生活的问题。这导致教学活动较难调动幼儿兴趣，无法促进幼儿深度学习。例如，不少教师表示"每天上班要做的事情很多，没有过多时间在课前创设丰富的环境"，"用多媒体上课很方便，不需要再准备材料了"，"使用简单的道具就可以了，不需要过多地布置教室"。

案例

在社会活动"特殊的电话号码"中，教师事先没有任何情境创设，直接引入学习拨打119、120和110。教师扮演接线员的角色，让幼儿尝试拨打三个号码。以下为活动实录片段。

教师：你好，这里是119火警中心，有什么可以帮您？

幼儿：我家着火了！

教师：你家住在哪里呢？

幼儿：我家住在……

教师：好的，我们马上就到。（教师语气平静，没有任何紧急的感觉）

> **案例分析**
>
> 案例中教师语气轻松、慢条斯理,没有丝毫紧急的感觉,且没有任何相关环境的布置。这很难将幼儿带入火灾发生的情境之中,理解119电话的重要性以及电话内容的紧急性。

2. 教学方法重说教轻实践,忽视幼儿的主体性

社会领域的学习需要在实践中完成,例如与同伴友好相处,尊重他人,学会分享、互助与合作等。社会领域教学活动中易出现一味说教的现象,也有教师借讨论之名掌控节奏,没有为幼儿提供充分表达和实践体验的机会,甚至使幼儿完全处于被动情况,没有足够的思考空间。在这些情形下,幼儿虽然会对教学内容有所了解,但因为缺失足够的实践体验而较难理解、内化社会知识,更难以将其转换成行动。例如,教师只是一味地告诉幼儿区域活动的规则,幼儿可能记住了,但是并没有将其内化成自己的经验,过一会儿就可能遗忘了。教师不妨在活动中出示录像,再现幼儿在区域活动中起冲突的情境,引导幼儿观察和思考他们是因为什么事情发生争执的,并组织幼儿讨论如何解决同伴冲突,从而了解并谨记遵守区域活动规则。在这个过程中,幼儿对相关知识进行了建构、批判与反思,规则意识将大大提高,更能够在具体情境中应用规则,学习效果将事半功倍。

(二)解决建议

1. 准备丰富的教学资源,创设活动情境

教学资源包括活动中使用到的如图片、头饰、卡片等物质材料,还包括活动依托的故事、文本等。在社会领域教学活动中,教师应准备类型丰富、数量充足的教学材料,一方面有利于幼儿主动且专注地参与活动，更好地融入活动情境，另一方面能够防止活动中出现教师"空口说白话"，只是抽象地与幼儿讨论，甚至单方面灌输或自说自话。例如，在社会活动"天黑了我不怕"中，教师可以首先设计核心问题，激发幼儿的思考，如："你喜欢白天还是黑夜呢？没有白天或者黑夜行不行呢？"在此基础上，若教师拉上活动室窗帘，并关掉室内灯光，借此烘托情境，能更好地帮助幼儿沉浸到黑夜情境中。在这样的活动情境下，教师可以切实地帮助幼儿克服怕黑的心理。

2. 灵活使用多种教学方法，引导幼儿主动学习

社会领域教学活动应灵活运用多种方法，告别枯燥的说教模式。例如，以社会环境认知为主要内容的教学活动，可以采用参观法、演示法等；以社会规范掌握为主要内容的教学活动，可以采取移情训练法、角色扮演法、观察学习法、实践练习法等；以人际关系处理为主要内容的教学，可以采用讨论法、示范法、实践练习法等。

教师在教学活动中应综合运用多种形式促进幼儿主动学习，鼓励幼儿之间交流，并根据活动进程灵活调整教学方法与组织形式。例如，在社会活动"城市的美容师"中，教师不仅通过图片让幼儿感受清洁工的辛苦，还加入实践体验的形式，组织幼儿向清洁工学习打扫幼儿园的公共卫生。幼儿在实践过程中能够主动地将已有经验与实际体验联系起来，形成新的认识，对清洁工的辛苦有更深刻的体会，进而养成不乱丢垃圾的良好习惯。

3. 基于生活实际问题开展探究，促进幼儿经验迁移，形成高阶思维

社会领域教学活动最终要促进幼儿社会认知、社会情感、社会行为的综合转变，因此要基于实际生活场景开展教学活动。例如，在大班活动"我是小小快递员"中，教师带领幼儿先后观察认识快递单、模仿设计快递单、迁移应用快递单，经历了获取新经验、应用新经验、创新经验的过程。这个过程并非全盘灌输，而是包含了在理解基础上的整合、应用、反思、重建、创新。

首先，在观察认知快递单阶段，幼儿获得了新经验，了解了快递单上有哪些信息和内容，认识了快递单的作用。其次，在模仿设计快递单阶段，幼儿对前一阶段获得的信息进行了筛选和取舍，根据需要选择了收件人和寄件人的基本信息作为自制快递单的主要内容。幼儿还从自身经验出发，以"画"代"写"制作快递单。在这一过程中，幼儿对快递单上的信息进行了分析，并将自身已有经验与新信息进行了整合。最后，在迁移应用快递单阶段，幼儿将前两个阶段获取的经验创造性地迁移应用到游戏情境中。在面临游戏情境中快递太多、快递员来不及收发快递等问题时，幼儿能够通过联系真实生活情境讨论与反思，不断修正和重构自身知识经验，并最终解决问题。例如，有幼儿提出，"妈妈是做服装生意的，妈妈是自己填写快递单号，再给快递员叔叔"，"可以几个快递员分工合作，你专门填单号，我来收快递"等。幼儿经历了认识、模仿、迁移的深度学习历程，个体知识经验发生了从扩大到重组再到调节、更新的变化。

第四节　科学领域教学活动

一、目标与内容

（一）目标

1. 幼儿科学教育总目标

幼儿科学活动产生于幼儿探求世界的渴望以及找寻自我的需求。科学教育对于幼儿身心发展和生命成长都具有重大意义。幼儿科学教育的目标是科学教育活动所设定的拟最终达成的结果，是每一次科学教学活动的出发点和归宿。

《幼儿园教育指导纲要（试行）》中规定的幼儿科学教育的目标

有：①对周围的事物、现象感兴趣，有好奇心和求知欲；②能运用各种感官，动手动脑，探究问题；③能用适当的方式表达、交流探索的过程和结果；④能从生活和游戏中感受事物的数量关系并体验到数学的重要和有趣；⑤爱护动植物，关心周围环境，亲近大自然，珍惜自然资源，有初步的环保意识。

《3—6岁儿童学习与发展指南》中对科学探究提出了三条具体目标，分别是：①亲近自然，喜欢探究；②具有初步的探究能力；③在探究中认识周围事物和现象。

科学教育活动目标的制定可以从知识与技能、过程与方法、情感态度与价值观三个维度展开。

在知识与技能维度，幼儿要在探究过程中认识周围的事物和现象，如能够运用多种感官感知自然界和生活中的事物以及事物之间的关系，获得相关经验等。

在过程与方法维度，幼儿应具备初步的探究能力，并能够使用适当的方式与他人交流探究的结果，如能够制订简单的计划并执行，能够运用语言、动作、图画等方式与他人交流自己的观点等。

在情感态度与价值观维度，幼儿能对周围事物和现象产生兴趣，具有好奇心和求知欲，如喜欢亲近大自然，关心动植物，对感兴趣的问题喜欢刨根问底，对新的发现感到兴奋和满足等。

2. 幼儿科学教育的年龄阶段目标

根据《3—6岁儿童学习与发展指南》，可以将幼儿科学教育的年龄阶段目标区分开来，具体目标见表3-13。

表 3-13　不同年龄班科学教育目标

小班	1. 亲近自然，喜欢探究	1. 喜欢接触大自然，对周围的很多事物和现象感兴趣
		2. 经常问各种问题，或好奇地摆弄物品
	2. 具有初步的探究能力	3. 对感兴趣的事物能仔细观察，发现其明显特征
		4. 能用多种感官或动作去探索物体，关注动作所产生的结果
	3. 在探究中认识周围事物和现象	5. 认识常见的动植物，能注意并发现周围的动植物是多种多样的
		6. 能感知和发现物体和材料的软硬、光滑和粗糙等特性
		7. 能感知和体验天气对自己生活与活动的影响
		8. 初步了解和体会动植物与人们生活的关系
中班	1. 亲近自然，喜欢探究	1. 喜欢接触新事物，经常问一些与新事物有关的问题
		2. 常常动手动脑探索物体和材料，并乐在其中
	2. 具有初步的探究能力	3. 能对事物或现象进行观察比较，发现其相同与不同
		4. 能根据观察结果提出问题，并大胆猜测答案
		5. 能通过简单的调查收集信息
		6. 能用图画或其他符号进行记录
	3. 在探究中认识周围事物和现象	7. 能感知和发现动植物的生长变化及其基本条件
		8. 能感知和发现常见材料的溶解、传热等性质或用途
		9. 能感知和发现简单物理现象，如物体形态或位置变化等
		10. 能感知和发现不同季节的特点，体验季节对动植物和人的影响
		11. 初步感知常用科技产品与自己生活的关系，知道科技产品有利也有弊

续表

大班	1. 亲近自然，喜欢探究	1. 对自己感兴趣的问题总是刨根问底，能经常动手动脑寻找问题的答案
		2. 探索中有所发现时感到兴奋和满足
	2. 具有初步的探究能力	3. 能通过观察、比较与分析，发现并描述不同种类物体的特征或某个事物前后的变化
		4. 能用一定的方法验证自己的猜测
		5. 在成人的帮助下能制订简单的调查计划并执行
		6. 能用数字、图画、图表或其他符号记录
		7. 探究中能与他人合作与交流
	3. 在探究中认识周围事物和现象	8. 能察觉到动植物的外形特征、习性与生存环境的适应关系
		9. 能发现常见物体的结构与功能之间的关系
		10. 能探索并发现常见的物理现象产生的条件或影响因素，如影子、沉浮等
		11. 感知并了解季节变化的周期性，知道变化的顺序
		12. 初步了解人们的生活与自然环境的密切关系，知道尊重和珍惜生命，保护环境

3. 幼儿科学领域教学活动的目标

幼儿科学教育的内容非常广泛，不同内容的活动在实施方法、过程与指导策略上有很大的差别。科学领域教学活动可以分为科学观察活动、科学实验活动、科学讨论活动和科学制作活动四大类[①]，不同类型的教学活动在教学目标上各有侧重，详见表3-14。

---

① 茅艺. 幼儿园科学教育活动设计与指导［M］. 北京：北京师范大学出版社，2016：67-88.

表 3-14　科学教学活动常见目标与具体示例

类型	常见目标	具体示例
科学观察活动	认识常见的动植物，初步了解生物多样性与人、环境的关系	认识蚯蚓，知道蚯蚓能够改良土壤，促进农作物生长
	能运用多种感官对事物的外部特征进行观察，并发现事物和现象的变化及内在联系	能运用视觉、触觉、嗅觉等感官感知苹果的特征，知道因为空气干燥、水分丧失导致苹果表面变皱
	能在成人的帮助下制订简单的计划并实施	能在教师的帮助下制订观察种子发芽的计划并实施计划
	通过简单的工具收集观察主题相关的信息	使用表格和图画记录小蝌蚪身体的生长变化
	通过语言、动作、图表等方式描述自己的发现，并和他人交流分享	使用表格和图画与同伴分享自己观察到的影子在不同时间的变化
	喜欢观察周围的事物和现象，对周围事物和现象具有好奇心和求知欲	看到白菜叶上有许多小洞，猜测是什么动物咬坏了白菜
科学实验活动	在科学实验活动中能注意到新奇的事物或现象	发现糖放入水中后消失不见
	能够基于实验操作验证假设，得出结论	通过把橡皮泥、木头、玻璃珠等物品放入水盆中，知道不同轻重的物体在水中会发生不同的沉浮现象
	通过实验获得有关周围事物及其关系的知识经验	通过实验知道磁铁能够吸引钉子、螺丝等铁制品，不能吸引木头、塑料等非铁制品
	通过观察操作获得发现	使用不同形状的泡泡机吹泡泡，发现吹出的泡泡都是圆形

续表

类型	常见目标	具体示例
科学实验活动	愿意探究新异的事物及现象，对新异事物感兴趣	幼儿看到在太阳光下影子出现，在阴影处影子消失后，反复尝试以寻求答案
科学讨论活动	知道常见的资料搜集方法，具备基本的科学知识和经验	知道可以通过与他人交流、查阅书籍、上网浏览等途径搜集信息，获得有关事物的基本经验
	能运用图画、表格、动作等方式表达自己的观点	能用肢体动作表达不同类型树木的生长形态
	能主动倾听他人的观点，完善自身经验	能主动倾听同伴讲述如何制作储物柜的过程，完善自身关于制作储物柜的经验
	通过常见的资料搜集方法搜集与讨论活动主题相关的信息	通过查阅书籍等方式获得有关西瓜虫的认识，并能够使用画图等形式整理和西瓜虫相关的资料
	通过语言大胆表达自己对科学现象的观点和想法	大胆地向同伴说明蝌蚪变成青蛙的过程
	乐于与他人交流分享自己的科学发现，积极主动地表达自己的观点	积极主动地与同伴分享自己关于蜗牛吃东西的认识
科学制作活动	对常见的科学工具和技术具有初步认知	知道制作小木柜需要小锤子、螺丝钉等工具
	掌握简单工具的使用方法	能够使用剪刀剪出不同的形状
	能够设计并制作简单的物品	能够制作不倒翁，并为不倒翁设计装饰图案
	通过既定程序进行规范的操作或制作	学会按照造纸步骤制作纸张
	喜欢运用工具探索周围事物	喜欢使用相机拍幼儿园中的事物

（二）幼儿科学教学活动的内容

科学教学活动是幼儿对自然界中事物和现象进行探索并形成解释的过程。因此，科学教学活动的内容主要围绕自然界中的事物和现象展开，如动植物、物理现象、四季变化等，教师在科学教学过程中帮助幼儿感知自然界中事物和现象变化，探索事物的性质、发现事物之间的关系。幼儿科学教育的内容主要包括物质科学、生命科学、地球和空间科学以及科学技术四个范畴，具体内容如下。[①]

1. 物质科学

（1）物体和材料的性质

知道常见物体和材料的基本性质，如形状、大小、颜色等；能使用简单的工具测量物体的性质并进行比较，如用尺子测量物体的长度等；知道一种物品或材料有多种性质，探索不同物体和材料的性质在不同条件下的变化。

（2）物体的位置和运动

知道物体之间存在各种力，如重力、弹力、浮力等；感受力的性质及关系，如力的大小等；探索不同力，如物体的浮沉；了解自然力及对人类的影响，如风力、水力等。

（3）声、光、热、电、磁

了解光和人类、动植物生存的密切关系；了解简单的光学现象；会使用常见的光学仪器；知道任何物体都有温度，温度有高低之分；知道不同的温度会带来不同的物体形态；知道我们生活中充满了各种声音；知道不同的物体会发出不同的声音；知道声音有音乐、噪声之分，会欣赏美妙的音乐，也会远离噪声，保护自己的耳朵；初步了解电的用途和优越性；学会安全用电，避免触电；了解不同形状的磁铁；探索磁铁的性质；探索磁铁和不同物体之间的关系；知道生活中常见

---

① 张俊. 幼儿园科学教育活动指导［M］. 北京：人民教育出版社，2008：52-66.

的磁铁及其用途。

2. 生命科学

（1）生物的自然特性

认识常见的动植物；了解常见的动植物的生长规律和生长习性；知道动植物生长是有条件的，如植物生长需要光和热等。

（2）生物的生命周期

知道人和动物都有生命成长的过程；知道自己出生和生长的过程；观察常见动植物的生长发育周期并做记录；知道生命是宝贵的，要珍惜生命。

（3）生物多样性与生态安全

知道生物多样性对于生命存在的重要性；懂得保护生态多样性的方法与途径；了解常见的生态安全问题，如全球变暖、土地污染等；懂得保护地球和我们的生态环境，维护生态平衡。

3. 地球和空间科学

（1）天体及其变化

知道我们生活的星球是地球；了解除地球外的其他天体，如月球、火星等；知道太阳是一颗恒星，是一个巨大的火球，能发出光和热；知道月球是地球的卫星，月球不会发光，月球上也没有生命；知道月球会绕着地球转，在不同时间会有不同的月相；了解太空中的其他星星及特征。

（2）天气、气候和季节

知道天气、气候和季节是人类与动植物生存的重要因素，它们的变化具有规律性；能够观察常见天气（晴天、雨天、阴天、多云）并做记录；知道四季变化的规律及特征；了解天气、气候、季节变化对人类生活的影响，能主动适应气候变化。

4. 科学技术

（1）常见的科技产品

认识常见的通信工具并了解其作用；了解各种家用电器的用途和

使用方法；能够制作简单的科技玩具，如电动小汽车等。

（2）计算机网络与机器人

会使用常见的计算机网络工具，如电子书等；了解人工智能等先进科学技术；知道机器人与人类生活的关系及对人类生活的影响；了解机器人的制作原理；尝试制作简单的机器人。

二、深度学习取向下科学教学活动的组织过程与策略

幼儿在日常生活中会进行许多自发的科学活动，比如幼儿会把积木放在水里，在户外观察树叶等。为了使幼儿获得系统的科学知识与经验，教师需要根据幼儿的兴趣和年龄特征设计不同的科学教学活动，让幼儿在操作探索的过程中不断提升科学素养。在深度学习取向下，科学教学活动的一般组织过程为"兴趣导入、探究操作、交流讨论、活动延伸"。科学教学活动又分为不同类型，主要包括科学观察活动、科学实验活动、科学讨论活动和科学制作活动，不同类型的教学活动有不同的组织过程。

（一）不同类型科学教学活动的组织过程

1. 科学观察活动的组织过程

科学观察活动指的是教师有目的、有计划地组织和启发幼儿运用多种感官，感知客观世界的事物和现象，使幼儿获得具体的印象，并在此基础上逐步形成概念的一种活动。科学观察活动可以围绕"激发兴趣、制订观察计划、实施观察并记录、交流探讨"的组织过程开展。

（1）激发兴趣

在进行科学观察活动之前，教师首先可以通过情境创设、启发性谈话、提问等方式引发幼儿对科学观察的兴趣。以观察动植物为例，教师带领班级幼儿来到幼儿园的小花园中，幼儿纷纷说出自己的发现：

"这朵花有4个花瓣。""这朵有6个花瓣。""这儿有黄色的花。""这朵花是粉色的。"可见,幼儿在小花园游玩的过程中对花朵产生了兴趣。教师可以顺势引导幼儿制订详细的观察计划,对花朵的形状特点和生长规律做进一步观察。

(2) 制订观察计划

在制订观察计划的过程中,幼儿应成为计划制订的主体,教师应提升幼儿制订观察计划的能力,在幼儿制订观察计划的过程中给予必要的支持,引导幼儿思考如何确定观察步骤,为什么这样设计等。例如,幼儿在捡落叶时发现幼儿园中有多种不同的树叶,对树叶的品种产生了好奇。教师看到后为幼儿提供了彩笔和白纸,鼓励幼儿确定观察树叶的步骤:"请你们尝试制订观察树叶的计划,并将计划画出来。"在教师的引导下,幼儿最终把观察流程确定为:先把长得相似的树叶分类整理到一起,然后进行对比观察,画出树叶的相同之处和不同之处,最后通过查阅书籍等方式确定不同树叶的品种。

(3) 实施观察并记录

在实施观察的过程中,教师要引导幼儿尽可能使用多感官观察事物的各种属性,并按照一定的顺序进行观察,既要注意整体观察,又要观察事物的细节。教师应引导幼儿使用图、表等方式对观察结果进行记录与表征,使观察结果直观化。例如,幼儿在户外活动时发现大树的树枝、树皮掉落在地上,纷纷提问:"大树的树皮为什么会掉下来呀?""树皮是从哪棵树上掉下来的?""这个树枝可以做一把剑!"教师观察到幼儿的兴趣点时鼓励幼儿:"小朋友们,你们可以观察一下咱们幼儿园中的大树有什么不一样的地方。老师给大家提供尺子、彩笔、白纸,请你们记录下来你们的观察结果。"幼儿使用尺子等测量工具对幼儿园中不同的树木进行观察与测量,并用图、表等方式记录观察结果,比较了幼儿园中不同树木的特点。

(4) 交流探讨

在观察结束后,教师需要引导幼儿对自己的观察结果进行交流探讨。在交流探讨的过程中，幼儿可以将自己与他人的观察结果进行对比，在辩论、澄清观点的过程中发展自身的批判和反思能力，完善已有认知结构。

2. 科学实验活动的组织过程

科学实验活动指在教师的引导下，幼儿通过亲自操作，发现客观事物的变化和因果关系的科学活动。科学实验活动一般按照"激发兴趣、提出假设、验证操作、交流讨论"的过程组织开展。

（1）激发兴趣

兴趣是幼儿进行科学实验与探索的前提。教师要做一个有心人，对幼儿的生活保持敏感，从幼儿的生活经验出发，根据幼儿的年龄特征，选择适合幼儿的科学实验主题。来自幼儿生活的科学实验主题能最大限度地调动幼儿的已有经验，激发幼儿的兴趣。例如，幼儿在户外游戏时发现自己的影子时长时短，于是对影子产生兴趣，教师及时捕捉幼儿的兴趣，开展了以影子为主题的科学实验活动。

（2）提出假设

科学实验的第一步就是提出假设。在科学实验活动开始时，教师可以鼓励幼儿结合自身已有经验先进行大胆的猜测与假设。幼儿提出假设的过程其实就是幼儿将已有知识经验迁移应用到新的问题情境的过程。在这个过程中，幼儿也需要综合运用分析、判断等高阶思维。例如，幼儿园种的韭菜被弄断了，有的幼儿猜想还会再长出来，有的幼儿认为折断的韭菜不会再生长，于是幼儿便把自己的假设记录下来。

（3）验证操作

提出假设后，幼儿就需要开展科学实验，进行验证操作。在这个过程中，教师需要为幼儿提供丰富的、多层次的材料供幼儿操作，帮助幼儿在深度探索的过程中实现对假设的验证。

（4）交流讨论

在实验结束后，教师需要组织幼儿围绕结果进行交流讨论。在幼儿阐述、分析观点以及对比不同实验结果的过程中，幼儿会更多地以批判性的态度看待自己的假设与实验过程。当实验结果与幼儿最初的假设不一致时，幼儿会修正已有经验，实现知识的再建构。

3. 科学讨论活动的组织过程

科学讨论活动指在教师、幼儿共同收集资料的基础上，通过集体的交流讨论，使幼儿获取科学知识的一种活动。科学讨论活动可以按照"收集资料、分享交流、归纳总结"的过程开展。

（1）收集资料

在进行科学讨论活动之前，教师需要引导幼儿根据确定的讨论主题收集资料。幼儿可以通过书、网络、访谈等方式获得相关的资料。在收集资料的过程中，幼儿会通过调查、比较、选择等方式生成与讨论主题相关的资料库，提升收集信息的能力。

（2）分享交流

教师在幼儿分享交流过程中需要提出具有启发性和引导性的问题，推动讨论的深入。例如，在对树叶进行讨论时，教师围绕讨论主题设计了系列问题："这是什么？""你们在哪里见过树叶？""最近树叶有什么变化？""为什么会有不同颜色的树叶？"这些问题引导幼儿对树叶的讨论逐步深入。在分享交流的过程中，幼儿提供独特的观点和信息，彼此对信息进行共享和比较。最终，每个幼儿都能够获得更丰富的科学知识。

（3）归纳总结

幼儿讨论结束后，教师可以引导幼儿对本次讨论活动的内容进行归纳总结，并引导幼儿批判性地看待讨论结果，在分析、反思、评价的过程中建构与完善自己的认知。

4. 科学制作活动的组织过程

在科学制作活动中，幼儿学习科技小制作，使用简单科技产品，掌握某些工具的操作方法和技能。科学制作活动可以按照"激发兴趣、操作设计、交流讨论、评价展示"的步骤组织开展。

（1）激发兴趣

在进行科学制作活动之前，教师可以通过实物展示、情境创设、故事引入等方式激发幼儿对科学制作的兴趣。以实物展示为例，教师在组织幼儿进行不倒翁制作之前，可以首先向幼儿呈现真实的不倒翁，并鼓励幼儿自主探索不倒翁为什么能够不倒，激发幼儿对制作不倒翁的兴趣。

（2）操作设计

科学制作活动的关键在于培养幼儿的操作能力。教师应特别重视操作设计环节。在该环节中，教师需要为幼儿提供适宜的操作材料和工具供幼儿操作设计；教师也应引导幼儿在制作的过程中明确操作目的，确定操作计划，设计操作步骤，实施操作过程。例如，在造纸活动中，幼儿通过小组讨论确定了造纸的步骤（捡树皮→放入盆中→盆中加水→树皮放入机器→加入胶水→晾晒→纸张完成）[1]，并用图画的形式将造纸的过程清楚地表示出来，依据造纸的步骤进行实际操作。

（3）交流讨论

在科学制作过程中，幼儿难免会遇到困难与问题。教师应该鼓励和引导幼儿之间进行交流与讨论，使幼儿可以在辩论、比较、批判、质疑的过程中确定最合适的制作方案。

（4）评价展示

在科学制作活动结束之后，教师可以邀请幼儿展示自己的成品，并引导幼儿进行自评和他评。在评价过程中，幼儿可以分析自己成功制作的诀窍或者在制作过程中产生的问题和困惑，在自我反思的过程中提升元认知能力，为下一次制作奠定基础。

（二）科学教学活动的常用策略

1. 创设问题情境，激发幼儿学习动机

在科学领域教学活动中，教师通常会在活动开始时设置问题情境。

---

[1] 案例来自王小英《幼儿深度学习的理论与实践探索研究·理论篇》中的案例活动"有趣的造纸".

创设问题情境不仅有利于激发幼儿的探究欲望，还有利于幼儿在学习过程中产生积极的情感共鸣与情感体验。例如，在活动"会飞的火箭"中，教师首先播放了嫦娥一号卫星发射升空的视频，并提出问题："是谁把嫦娥一号卫星送上太空的？"在幼儿思考和交流后，教师展示了火箭模型，请幼儿观察和分析："火箭是由哪几部分构成的呢？"通过卫星发射升空视频和火箭模型，教师激发了幼儿进一步探索火箭构造的兴趣。

2. 提供探究材料，拓展幼儿学习过程

幼儿的思维以直观行动思维和具体形象思维为主。在科学领域教学活动中，教师需要给幼儿提供多种探究材料来观察和操作。有兴趣的材料是学习最好的刺激。例如，在探究沉浮现象时，教师为幼儿逐步提供了三层材料："第一层，教师为幼儿投放了一盆水、一个软木塞、一小块木头，幼儿发现重的东西会下沉，轻的东西会漂浮；第二层，教师为幼儿投放了一个乒乓球、一个和乒乓球同样大小的泥球，幼儿发现同样大小的东西中重的会下沉，轻的会漂浮；第三层，教师为幼儿投放了海绵、泡沫塑料等，幼儿发现有些东西总是沉或者浮，有些东西开始浮后来沉。"[①] 教师通过分层提供材料的方式逐步拓展了幼儿的科学学习，使幼儿在探究过程中不断加深对沉浮知识的理解与反思。

3. 进行回顾反思，提升幼儿认知水平

回顾反思不仅可以帮助幼儿巩固知识，加强对知识的批判反思，也能够提升幼儿分析与评价等高阶思维。在科学领域教学活动中，回顾反思可以设置在结束环节，也可以设置在探究与交流过程中。例如，在探究球体运动轨迹的活动中，教师发现有的幼儿在探究过程中将管道平直地放着，所以球体在轨道上没有滚动。在回顾反思的时

---

① 陈晓芳. 幼儿科学活动设计与指导 [M]. 北京：北京师范大学，2013：196.

候，教师引导幼儿思考如何放置轨道可以让球体依靠惯性滚动。① 在这个案例中，教师敏锐地发现幼儿在探究过程中遇到的问题，并在回顾反思的时候引导幼儿思考，使幼儿对球体在斜面上的运动有了更深刻的理解。

三、科学教学活动中幼儿深度学习困境与解决

（一）幼儿深度学习困境

1. 幼儿探究过程不充分，教师给予幼儿的探索时间不充分

在科学教学活动中，教师通常按照既定教学目标和教学流程开展活动，控制着教学活动的方向与进展，强调教学结果的达成。幼儿则按照教师的引导不断调整自己的探究行为以达到教师预设的教学目标。在这个过程中，幼儿缺乏充分的探索时间和探索机会，导致科学探索的浅层化和表面化。例如，在探究磁铁性质的科学活动中，教师给了每个幼儿几秒钟的时间操作磁铁并观察磁铁的典型现象。由于自主探究时间过短，幼儿不能在规定时间内完成操作和观察。深度学习是一个长期的过程，幼儿需要充足的时间和机会进行探索与操作。因此，教师需要把关注点放在每个幼儿在科学探究过程中的表现，支持幼儿持续深度学习。

2. 幼儿科学学习停留于识记和理解水平，教师多使用封闭式提问

在很多科学教学活动中，幼儿的科学学习多停留于识记和理解水平。这是因为教师在科学教学活动中经常会使用封闭式问题对幼儿进行提问。封闭式问题大多属于识记水平，不利于拓展幼儿的思维。例如，在大班科学活动"有趣的传声筒"的小结阶段，教师向幼儿提问：

---

① 案例改编自青海省西宁市大通县桥头镇中心幼儿园毛永萍老师的大班科学活动"小球过山坡"。

"这些管子是不是也可以传递声音?""声音能通过不同的东西传播,对不对?""科学是不是就在我们的身边?"① 教师连续使用封闭式问题对幼儿进行提问,限制了幼儿的思考空间,影响了幼儿对科学知识的深度思考。封闭性问题实际上只是解决了"是什么"的问题,幼儿只能对科学知识有初步的认识和了解,也就是布鲁纳所说的记忆、理解层次,属于低阶思维。

3. 同伴有效互动少,教师缺乏对幼儿互动的适切引导

在科学教学活动中,同伴互动是促进幼儿深度学习的重要方式。同伴互动是指同伴之间运用语言符号和非语言符号交换意见、传达思想、表达情感和需要的交流过程。② 幼儿在与同伴合作探究的过程中,由于不同个体在认知结构上的差异具有互补作用,因而能充分激活"最近发展区"③。在当前科学教学活动中,教师通常采用集体和小组合作相结合的形式开展教学。虽然有小组合作的形式,但幼儿在其中的互动程度却不同,如幼儿缺乏共同的探究目标、恰当的分工协作、有效的讨论交流、积极的互助共享等,同伴合作通常会出现以某个幼儿为主导、其他幼儿在旁边观望或无所事事的状态。教师在幼儿小组合作的过程中往往会更关注个别幼儿的探究操作状态,重视对个别幼儿探究过程规范性和严谨性的指导,忽视对幼儿之间互动有效性的关注与指导,未能有效发挥同伴合作探究对幼儿思维发展的影响。

4. 幼儿探究意愿难保持,教师缺少对幼儿的情感支持

科学探究不是一蹴而就的,而是一个长期的、曲折的过程。幼儿在科学探究的过程中常常会遭遇挫折和失败,在学习动机不足的情况

---

① 张爱玲,李淑婷. 深度学习视角下的幼儿教师提问研究:以科学教育活动为例 [J]. 中国教育学刊,2022(11):78-83.
② 朱智贤. 心理学大词典 [M]. 北京:北京师范大学出版社,1989:316.
③ 王小英,刘思源. 幼儿深度学习的实施路径与核心支持要素探析 [J]. 东北师大学报(哲学社会科学版),2022(6):151-158.

下，幼儿的探究意愿常常难以保持。教师在科学教学活动中通常会以推动教学活动的顺利开展为主要目的，在一定程度上会忽视幼儿在科学教学活动中的情绪情感状态。例如，当幼儿遇到困难想放弃时，教师有时无法敏锐地捕捉到幼儿情绪情感的变化，依然将整个教学活动的重心放在教学进程的推动上，影响幼儿的探究意愿和在探究过程中的主动性、专注程度。

5. 幼儿难以深入探索科学现象，教师提供的教学材料质量难保证

幼儿的学习是在直接感知、实际操作和亲身体验中实现的。高质量的教学材料是支持幼儿在科学教学活动中深度探索与操作的重要基础。一方面，在科学教学活动中，幼儿通常会因为缺乏充足、丰富的材料而难以深入探索科学事物和现象。例如，在探究磁铁性质的科学活动中，教师提供的材料数量仅够个别幼儿操作，导致组内其他幼儿没有材料，或是幼儿只能轮流进行活动，有时甚至会引发幼儿之间的争抢。在这种情况下，幼儿无法利用材料进行有效探索，更无法实现高阶思维的发展。另一方面，当教师提供给幼儿的材料缺少与问题情境的关联性，材料间缺乏逻辑关系时，幼儿的科学探究行为只会浮于表面。幼儿科学探究行为的深入推进离不开高质量的教学材料的支持，教师需要为幼儿提供丰富、适切、有效的教学材料。

（二）解决建议

1. 关注幼儿科学学习过程，推动幼儿持续深度探究

情境认知理论认为，知识具有动态建构性。幼儿科学探究是一个长期的过程。在这个过程中，新问题总是伴随着旧问题的解决而不断产生。教师在科学教学活动中需要摒弃简单传授科学知识的倾向，重点关注幼儿科学探究的过程和幼儿的科学学习状态，适时对幼儿进行引导，推动幼儿持续深度探究。例如，在科学活动"火箭升空"中，教师在示范后请幼儿实际操作，幼儿先把气球吹大，并用手捏住气球吹气口，然后把气球固定在绳子上，松手后气球飞向幼儿。教师提

问:"你们觉得是什么原因导致气球没有成功飞走呢?""因为气球跑气,所以飞的距离很近。"接着,教师鼓励幼儿再次尝试,但是气球仍然没有成功按照轨迹"升空",于是教师继续引导幼儿思考:"这一次是什么原因呢?""是因为线一直动。""所以我们需要让气球中的气足,线也要保持稳定。"在幼儿对两次失败的原因有了认识后,教师设计了新的任务(先通过拍皮球感受反作用力,再单独使用气球进行尝试,然后同时使用气球和线,比较与没有线时气球运动轨迹的区别以及线弯曲时和线绷直时气球运动轨迹的区别),请幼儿由易到难感知反作用力。教师始终关注幼儿的学习状态,当幼儿失误时引导幼儿分析造成失误的可能原因(如气球跑气、线不稳定等),并通过设置多种形式、多种难度的任务鼓励幼儿再次尝试,推动幼儿持续深度探究。

2. 采用灵活有效的提问方式,推动幼儿持续深度思考

提问是教师在幼儿深度学习过程中的重要支持策略。教师的有效提问为科学教育活动与幼儿深度学习搭建桥梁,推进幼儿持续思考。[①]教师在推动幼儿科学探究的进程中可以采用多样化的提问方式,如阶梯式提问、辩论式提问、追问等,推动幼儿持续思考。其中,阶梯式提问可以使幼儿根据教师设置的"问题台阶"逐步接近问题的本质。例如,在活动"制作迷你吸尘器"中,教师设置了阶梯式的问题:"做什么样式的扇叶?""怎样检验扇叶是否能转动起来呢?""什么样的材料可以让风扇更牢固?"[②] 问题的不断推进引导幼儿对扇叶的样式、转动原理、制作材料等方面持续思考。

辩论式提问可以激发幼儿对同一个问题不同角度的思考,使幼儿在辩论的过程中澄清自己的想法与观点,收获多元视角。例如,在活

[①] 张爱玲,李淑婷. 深度学习视角下的幼儿教师提问研究:以科学教育活动为例[J]. 中国教育学刊,2022(11):78-83.

[②] 案例选编自王小英《幼儿深度学习的理论与实践探索研究·理论篇》中的案例"制作迷你吸尘器"。

动"有趣的蚯蚓"中,幼儿对蚯蚓的住所产生了浓厚的兴趣,并开展了激烈的讨论:"蚯蚓在泥土里生活。""蚯蚓是在地面上生活。"……于是,教师提出了一个辩论式问题:"蚯蚓应该住在哪里?你认同哪个观点?"幼儿再次展开讨论。讨论结束后,教师带领幼儿来到蚯蚓的生存现场进行验证,加深了幼儿对蚯蚓生存环境的认识。

3. 重视教学活动中的有效同伴互动,促进幼儿对知识的反思与再建构

教师应重视幼儿之间的互动,发挥同伴合作在科学活动中的价值。不同幼儿在与同伴交流、辩论的过程中会产生思维碰撞与认知冲突,加强对知识的批判反思,实现知识的再建构。教师需要对幼儿进行适时引导,帮助幼儿始终围绕影响问题解决的关键点展开同伴交流与合作,使幼儿能够深度思考。例如,在科学制作活动"风筝"中,幼儿围绕制作风筝骨架的材料产生了激烈争论。有的幼儿认为应该使用铁丝,因为铁丝硬、结实;有的幼儿则指出铁丝太沉了,风筝不容易飞起来,应该使用吸管;也有幼儿认为风穿过吸管后会使风筝的重量增加。[1] 风筝骨架是风筝制作的关键。针对这一问题,教师给予了幼儿充分的辩论时间。在辩论过程中,幼儿对比分析了不同材料,多角度思考了其用于风筝骨架的可行性,在反思自己观点的同时联系了多方面的知识,形成了新的知识。

4. 营造情感支持的氛围,保持幼儿持续探究的动机

深度学习的本质是幼儿不断寻求对外部世界及自我的感知与理解的过程,这个过程需要幼儿学习兴趣和学习情感的支持,而深度学习所带来的内在体验又能激发幼儿的学习动机,发展幼儿的学习情感,从而使幼儿的学习获得更持久的动力。个体的学习是智力因素与非智力因素共同参与的过程。缺乏探究的兴趣和动机,幼儿的科学学习难以展开。因

---

[1] 案例选编自王小英《幼儿深度学习的理论与实践探索研究·理论篇》中的案例"风筝"。

此，教师需要给予幼儿充分的情感支持，创设安全的探究氛围，使幼儿能够大胆地将想法付诸实际行动，提升幼儿的投入程度。另外，在科学探究的过程中，幼儿难免会遇到失败和挫折，教师要允许幼儿失败，鼓励幼儿克服困难继续探究。在幼儿成功时，教师也需要对幼儿进行及时的肯定和鼓励，使幼儿能够保持持续探究的热情。例如，在量轮子高度遇到困难时，柔柔想到了"用绳子量轮子"的解决方法。操作成功后，教师及时对柔柔进行肯定和鼓励。教师和同伴的认可激发了柔柔更加浓厚的探究兴趣，在后续的活动中她变得更加投入。[1]

5. 提供有效的教学材料，促进幼儿高阶思维发展

在科学教学活动中，教师需要为幼儿提供丰富有效的教学材料，为幼儿的探索提供必要条件。例如，在磁铁实验中，教师准备若干块磁铁，投放塑料、泡沫、石头、铁片、铁钉、玻璃瓶、乒乓球和积木等材料让幼儿操作，探索什么东西能够被磁铁吸引，什么不能被磁铁吸引。在这个过程中，教师为幼儿提供了与问题情境联系紧密的不同性质、不同大小、不同形状、不同重量的多层次、多样化、多结构的材料。同时，数量丰富的材料让每个幼儿都有机会动手操作与尝试，获得对磁铁性质更深刻的理解。

第五节　数学领域教学活动

一、目标与内容

（一）目标

1. 幼儿数学教育总目标

幼儿数学教育是将幼儿探索周围世界的数量关系、空间形式等自

---

[1] 案例选自王小英主编《幼儿深度学习的理论与实践探索研究·理论篇》。

发需求纳入有目标、有计划的教育程序，通过幼儿自身的操作和建构活动，以促进他们在认知、情感、态度、习惯等方面整体和谐的发展。①

《幼儿园教育指导纲要（试行）》明确提出幼儿数学教育的目标，包括：①能运用各种感官，动手动脑，探究问题；②能用适当的方式表达、交流探索的过程和结果；③能从生活和游戏中感受事物的数量关系并体验到数学的重要和有趣等。

《3—6岁儿童学习与发展指南》将科学领域的学习与发展目标分为两部分，分别是科学探究和数学认知，其中，关于数学认知的总目标为：①初步感知生活中数学的有用和有趣；②感知和理解数、量及数量关系；③感知形状与空间关系。

综合来看，幼儿数学教育的总目标强调激发幼儿对数学学习的兴趣，通过感知、操作、体验等方式，理解数、量与数量关系、形状与空间关系。

2. 幼儿数学教育的年龄阶段目标

幼儿数学教育的年龄阶段目标是总目标在各年龄阶段的具体体现，体现出了阶段性与连续性。《3—6岁儿童学习与发展指南》中对幼儿数学教育年龄阶段目标规定如下（见表3-15）。

---

① 黄瑾. 学前儿童数学教育与活动指导［M］. 上海：华东师范大学出版社，2014：13.

表 3-15　不同年龄班数学教育目标

小班	1. 初步感知生活中数学的有用和有趣	1. 感知和发现周围物体的形状是多种多样的，对不同的形状感兴趣
		2. 体验和发现生活中很多地方都用到数
	2. 感知和理解数、量及数量关系	3. 能感知和区分物体的大小、多少、高矮长短等量方面的特点，并能用相应的词表示
		4. 能通过一一对应的方法比较两组物体的多少
		5. 能手口一致地点数 5 个以内的物体，并说出总数，能按数取物
		6. 能用数词描述事物或动作，如 "我有 4 本图书"
	3. 感知形状与空间关系	7. 能注意物体较明显的形状特征，并能用自己的语言描述
		8. 能感知物体基本的空间位置与方位，理解上下、前后、里外等方位词
中班	1. 初步感知生活中数学的有用和有趣	1. 在指导下，感知和体会有些事物可以用形状来描述
		2. 在指导下，感知和体会有些事物可以用数来描述，对环境中各种数字的含义有进一步探究的兴趣
	2. 感知和理解数、量及数量关系	3. 能感知和区分物体的粗细、厚薄、轻重等量方面的特点，并用相应的词语描述
		4. 能通过数数比较两组物体的多少
		5. 能通过实际操作理解数与数之间的关系，如：5 比 4 多 1，2 和 3 合在一起是 5
		6. 会用数词描述事物的排列顺序和位置
	3. 感知形状与空间关系	7. 能感知物体的形体结构特征，画出或拼搭出该物体的造型
		8. 能感知和发现常见几何图形的基本特征，并能进行分类
		9. 能使用上下、前后、里外、中间、旁边等方位词描述物体的位置和运动方向

续表

大班	1. 初步感知生活中数学的有用和有趣	1. 能发现事物简单的排列规律，并尝试创造新的排列规律
		2. 能发现生活中许多问题都可以用数学的方法来解决，体验解决问题的乐趣
	2. 感知和理解数、量及数量关系	3. 初步理解量的相对性
		4. 借助实际情境和操作（如合并或拿取）理解"加"和"减"的实际意义
		5. 能通过实物操作或其他方法进行10以内的加减运算
		6. 能用简单的记录表、统计图等表示简单的数量关系
	3. 感知形状与空间关系	7. 能用常见的几何形体有创意地拼搭或画出物体的造型
		8. 能按语言指示或根据简单示意图正确取放物品
		9. 能辨别自己的左右

3. 幼儿数学领域教学活动的目标

幼儿在数学领域的学习内容一般分为数、量、图形、时间、空间、测量和统计等模块。其中，数与量、图形与空间类教学活动最常组织。这两类教学活动的常见目标见表3-16。

表 3-16　数学领域教学活动常见目标与具体示例

类型	常见目标	具体示例
数与量教学活动	感知和理解物体的数量特征，能理解并进行简单的加减运算	幼儿通过把许多苹果放在一个果篮中，感受"1"和"许多"的关系；通过从果篮中"拿走"和"放入"苹果的操作，理解数量的加减运算
	感知周围环境中各种常见的量	感知生活中具体事物的大小、长短、粗细、轻重等
	认识并运用数概念之间的联系，并能在实际情境中认识与应用数学	学会看钟表，认识整点
图形与空间教学活动	认识并能表达物体之间的空间关系	幼儿学会以自我为中心辨别"前""后""左""右"

（二）幼儿数学领域教学活动的内容

1. 数

（1）认识集合与元素

认识"1"和"许多"及其关系，建立对元素、集合及其关系的理解。首先，知道数字1的含义，即1代表事物的数量为1。计数的前提是将事物视为一个整体，即一个集合。例如，一颗糖可以用数字1表示，一堆糖也可以用数字1表示。其次，理解元素和集合的关系。知道1个、1个……合起来是许多个，许多个可以分成1个、1个……。再次，准确判断集合的边界。能够从一组物体中剔除一个不同的物体，保持集合元素的一致性，并且能够从一组物体中找出两个相同的物体，将其视作一个集合。

感受两个集合之间的关系，能够进行比较、分类，学会一一对应。首先，能够通过粗略感知，直观比较两组事物的多少。其次，能够按照事物的某一种外部特征，例如事物的颜色、形状或大小，对事物进行分类。每组事物的数量控制在 5 以内，且只要求将事物分成两组，分类过程不涉及计数。再次，学会一一对应，能用一一对应的方法比较两组事物数量的多少。不借助数字表示两组事物的数量，只需比较得出哪组多，哪组少。最后，逐步学会按范例数量取物。在过程中不使用数字，只采用一一对应的办法完成。

(2) 理解数的含义，学习计数

认识数字 1—10 和 0，知道其含义，并能认读相应的阿拉伯数字。学习计数需要幼儿首先学会唱数和掌握一一对应技能，进而能手口一致点数，然后说出总数（1—10），做到正确点数 10 以内的事物。点数过程实质上是将事物与数字进行一一对应的过程。学习计数之后，幼儿要能够运用数字表示事物的数量，并能准确做到按物取数和按数取物，例如，在分类之后用数字标明每组事物的数量。

认识相邻数之间的关系和自然数列的等差关系。首先，教师引导幼儿借助一一对应的办法比较 5 以内两组事物数量的多少。每组事物的数量限制在 5 以内，两组事物相差为 1，这样通过比较来感知相邻两数之间多 1 和少 1 的关系。其次，教师引导幼儿使用增加 1 个或减去 1 个的办法将两组数量相差为 1 的事物变得相等。每组事物的数量限定在 5 以内为好，减轻幼儿的学习难度，使幼儿将关注重点放在相邻数之间的关系上。再次，教师要引导幼儿从认识两个相邻数的关系到认识相邻 3 个数之间的关系。最终，教师要引导幼儿认识 10 以内自然数列的等差关系。自然数列中的等差关系是指自然数列中，除 1 以外的任意一个数，都比前面一个数多 1，比后面一个数少 1。

在理解自然数列等差关系的基础上，教师可引导幼儿学习 10 以内的顺接数、倒数和倒接数。进而，教师可以引导幼儿学习按群计数，依次以 2 和 5 为单位来按群计数。

理解数守恒。数守恒即不受物体的大小、形状或排列等的影响，正确判断 10 以内事物的数量。帮助幼儿理解数守恒，教师可以分步引导幼儿学习：①在物体相同但排列形式不同的情况下做到数守恒，有同数异长、同数异位和异数等长等多种排列形式；②在事物及其排列形式都不同的情况下做到数守恒。在理解数守恒的基础上，教师要引导幼儿进行应用，学会从多组事物中找出等量的两组事物。每组事物的数量都是 10 以内，请幼儿根据每组事物数量的多少找出数量相等的两组。

认识 10 以内的序数，知道序数和基数含义的不同。基数表示集合中元素的数量，序数表示事物的排列次序。学习用序数描述事物的位置。在运用序数表示事物的次序时涉及方向的确定。方向不同，事物的次序会发生变化。例如，从左向右数，红苹果是一排苹果中的第一个；而从右向左数，这个苹果又成了一排苹果中的第五个。教师要引导幼儿学会从不同的方向确认事物的位置，可以先从单一方向（从左至右、从右至左、从上到下、从下到上）来确认（数量为 5 以内），再学会从不同的方向变换方式描述事物的位置，并学习使用两维向度来描述，例如使用上下和左右两个维度描述事物的位置（数量 10 以内）。

（3）数的运算与应用

理解生活情境中的数量关系，学习解答加法和减法口述应用题。教师要先引导幼儿依靠具体形象或表象完成加减法运算；在幼儿已经理解数量关系的基础上，教师可以引入加减法算式来表征数量关系，引导幼儿认识加法算式，重点认识"+""−""="符号的含义，但不要求幼儿运用加减算式进行重复性的运算练习。在此过程中，教师要引导幼儿初步感知加减法之间的转换。在能够解答口述应用题的基础上，幼儿可进一步学习自编口述应用题，包括求和的加法和求剩余的减法。教师可引导幼儿学习运用数的组成式和加减算式来自编口述应用题。

借助口述应用题学习 5 的组成，认识分合式的基本表征方法，理解其中部分与整体的关系、等量关系与互换关系。互补关系是指分出来的两个数一边增加一个，另一边就减少一个。在此基础上，教师引导幼儿扩展学习2—9的组成与分解，要求能够运用数的组成规律推演出10的组成。同时，幼儿应学会数的组成式与加法算式之间的转换。

2. 量

认识生活中常见的量，从易到难依次包括大小、长短、粗细、高矮、轻重、厚薄等，能正确运用量词描述事物的量。学习量的守恒，即事物的外形、摆放位置等发生变化的情况下，其量本身不变。

能够通过感知、观察、测量等方式比较两个事物或多个事物量的差异，从比较差异明显的两个事物、差异不明显的两个事物，再到比较多个事物。例如，学会将一端作为基准线对齐事物后比较两个事物的长短。同时，能够正确运用常见量词，如"最轻""最重"等表达事物之间量的差异。

理解量的相对性。即同时呈现3个在量上有差异的事物，请幼儿判别其中一个事物的量与不同的事物相比较后的结果。在此基础上，学会根据事物量的差异进行5以内的正排序和逆排序，进而理解排序中的传递性。传递性是指在不直接比较ABC三个事物，根据A>B、B>C的原理，推断得出A>C。

3. 形

认识常见的平面图形，包括圆形、正方向、三角形、长方形、梯形、半圆形和椭圆形，知道不同图形的名称和基本特点，且能从周围环境中找出和图形相似的事物。理解形守恒，即幼儿能够按照平面图形角和边的数量正确辨认和命名不同大小、颜色和摆放位置的图形。

初步理解图形之间的简单关系，能够对图形进行分割和拼合。例如，一个正方形可以分成两个长方形，四个小正方形可以合成一个大正方形。学习将平面图形二等分，初步了解对称的含义，学习简单的对称图形。

认识常见的立体图形，包括球体、圆柱体、正方体和长方体，能正确说出图形名称和基本特征，能从周围环境中找出相似的事物。能够区分平面图形和立体图形，知道平面图形只有长短、宽窄，立体图形有长短、宽窄和高低（厚薄）。

4. 时间

逐步认识白天和黑夜、早上和晚上、上午和下午、中午，并能正确运用时间词汇。理解快、慢、快些、慢些等表示速度的词，并能正确运用这些词。认识昨天、今天和明天的含义及其交替规律。认识时钟，会看整点。理解整点的规律，能够在生活中看时钟说时间。

5. 空间

认识以自身为中心的上下。区分并说出事物与事物之间的上下位置关系。认识以自身为中心的前后。认识以客体为中心的前后。学会按指定方向运动（上下、前后）。初步感知以自身为中心的左右。学习以主体为中心准确地辨别左右。学习以客体为中心辨别左右。学会向左或向右方向运动。认识里外。

6. 测量与统计

能够使用自然测量（用自然物进行简单的直接测量）的方法来测量事物的高矮、长短。理解自然测量中测量结果与测量单位之间的关系。测量对象确定的情况下，测量单位越大，测量结果越小；反之，测量结果越大。比较体积较小但重量较大与体积较大但重量较小的两个事物，理解体积与重量之间的关系。

能够使用简单的图表记录生活中的信息，例如幼儿园班级出勤记录、植物生长记录等。

二、深度学习取向下数学教学活动的组织过程和策略

数学教学活动是教师为了促进幼儿数概念的发展而有计划、有目的地组织的活动。数学教学活动的组织应为幼儿提供主动探索、亲身感知与实际操作的机会，设计密切联系幼儿生活的教学内容。在深度学习取向下，数学教学活动的组织过程可以包括实际感知、动手操作、交流分享、反思总结、迁移应用等环节。对于不同的教学内容，数学教学活动组织过程又可以灵活变化。

（一）不同类型数学教学活动的组织过程

1. 数和量类教学活动

（1）观察比较

教师为幼儿呈现不同数量的实物或教具来引导幼儿观察比较，明确不同事物的数量。例如，在初步感知"1"和"许多"关系的活动中，教师为幼儿呈现实物"一朵花"和由许多花组成的"一束花"，引导幼儿观察比较"一朵花"与"一束花"之间的数量关系，得出"一束花是由许多朵花组成"的结论，使幼儿感知到集合与集合中元素的关系，为学习逐一计数和形成数概念奠定基础。

（2）体验操作

为幼儿提供充足且丰富的教具，引导幼儿有目的地展开多种形式的操作，激发幼儿多感官参与，在体验操作的过程中感受数的实际意义，巩固幼儿已有经验。例如，在认识"1"和"许多"的教学活动中，教师请幼儿从装有许多毛巾的筐里拿出一条毛巾，再把这条毛巾挂在毛巾架上，在此过程中幼儿感受到"许多"物体可以分成"一个一个"，把"一个一个"拢在一起就是"许多"，幼儿在动手操作中感受与领会了"1"和"许多"的关系。

（3）随机渗透

在幼儿的生活中，数和量无处不在。日常生活中的许多情境都可以随机渗透数和量的学习，帮助幼儿巩固理解数与量的概念，提升问题解决能力。例如，在排队时，教师引导幼儿记住自己前后左右分别是谁，并且数一数自己在第几排的第几个位置等。

（4）回顾反思

反思有利于幼儿元认知能力的发展，促进幼儿思维水平的提升。反思是幼儿深度学习中必不可少的过程，有利于推动深度学习活动呈螺旋式向上发展。教师引导幼儿回顾活动过程与操作步骤，在已有经验的基础上，强化幼儿对新经验的理解与认识。

（5）迁移应用

教师引导幼儿在理解新经验的基础上，从各种形式的数量关系中抽象出最本质、最核心的规律，迁移到不同情境中，有助于幼儿由具体形象思维向抽象逻辑思维转变。

2. 图形与空间

（1）几何图形

①观察感知

认识图形的重点是感知图形特征。教师应引导幼儿用观看、触摸的方法充分感知图形的形状、大小等，获得关于图形的感性经验。幼儿认识平面图形相较于认识立体图形来说更容易一些。教师可引导幼儿从身边的实物出发去感知形状，进而认识标准的图形。

②动手操作

教师可以设计游戏化的操作任务，组织幼儿在游戏中通过动手操作完成图形的分类、分解与组合，理解图形之间的异同与联系。例如，在"图形找家"游戏中，教师引导幼儿根据图形边或角的数量将图形放入对应的"图形的家"中；在利用教具"蛋糕"开展分蛋糕游戏时，请幼儿尝试用多种方法等分蛋糕，思考如何把整体分成相同大小的多个部分，理解整体与部分的关系。

③创意联想

幼儿可以利用多种形状的拼插与搭建展开联想，发挥创意。教师为幼儿提供数量丰富、造型多样的积木块，或生活中常见的形状特征鲜明的实物，鼓励幼儿大胆想象，用图形拼搭出自己想要的图案，然后创编情境故事或展开讨论。

④经验迁移

教师引导幼儿将已学到的关于图形方面的经验，迁移运用到日常生活当中，留意生活中的图形，思考图形与人类生活之间的关系，并与艺术等其他领域的活动进行联动。

(2) 空间

①感知方位

幼儿对空间方位的认识是从对自己身体有关部位方位的认识开始的。教师应引导幼儿通过游戏以自我为中心感知空间方位，再配合方位词，使幼儿理解方位词，分清具体的方位。当幼儿学会了以自我为中心辨别方位后，教师可进行以客体为中心辨别方位的活动，如让幼儿判断自己在某物的什么位置或某物在另一物的什么位置。此外，幼儿需认识自己所生活的环境，认识地点与路线。

②描述与表征

教师引导幼儿进行空间方位的描述，需要先找到参照物予以语言示范，使幼儿理解上、下、里、外等方位词。教师应注意引导幼儿用方位词完整地说出事物所在的位置，利用空间方位的相对性，灵活地进行表达，并鼓励幼儿运用箭头或是在坐标图上定位的方式找到相应的位置。

③操作与练习

教师可以利用操作或亲身体验的方式，引导幼儿动手动脑独立练习，例如利用走迷宫、找不同等活动锻炼幼儿的手眼协调能力和视觉分辨能力，并由此加深幼儿对空间方位的理解和运用。

④迁移与运用

教师鼓励幼儿将已有经验迁移到日常生活中，利用已学空间方位的知识解决生活中常见的问题，例如记住去某个常去的地方的路线，能够用方位词准确定位某物的位置等。

（二）数学教学活动的常用策略

1. 操作法

操作法是给幼儿提供合适的材料和环境等，引导幼儿按一定的要求和程序动手操作，在操作中掌握知识和技能、发展能力的一种方法。例如，提供小木棍、小石子等材料，引导幼儿尝试运用不同的方法进行计数；提供大小、材质、形状不同的材料，让幼儿根据材料特点进行有规律的排列。

2. 游戏法

（1）操作性数学游戏

操作性数学游戏是幼儿通过操作玩具或实物材料，并按一定规则进行的一种游戏。例如，在"穿珠子"游戏中，幼儿可以依据自己的喜好为珠子设计固定的排列模式，再将珠子有规律地穿到绳子上。游戏在帮助幼儿理解模式概念的同时，也锻炼了幼儿的手眼协调能力，促进了幼儿手部精细动作的发展。

（2）情节性数学游戏

情节性数学游戏是指创设一定的情节，幼儿在其中扮演某种角色，从而体验、学习并巩固数学知识和技能的游戏。例如，在班级设置"小超市"，幼儿通过扮演商家和顾客实现交流，理解商品的数量、价格概念，初步感受数学在生活中的运用。

（3）口头数字游戏

口头数字游戏是教师与幼儿之间或幼儿与幼儿之间以口头对答的方式进行的游戏。例如，在学习数的组成时，教师拍手提问幼儿"5可以分成3和几""1和几合起来是5"，幼儿有节奏地跟随教师拍手并以同样的句式回答教师的提问。游戏中涉及数学知识与能力的运用，可以发展幼儿的抽象逻辑思维能力，提高思维的灵活性和敏捷性，达到巩固数学知识的目的。

(4) 竞赛性数学游戏

竞赛性数学游戏是指带有竞赛性质的数学游戏。例如，"单脚站立比赛"中全体幼儿参加单脚站立比赛，用单摆摆动次数计算每人单脚站立的时间，摆动次数多者为胜。

(5) 智力性数学游戏

智力性数学游戏是一种运用数学知识促进幼儿智力发展的游戏，如扑克游戏和跳棋游戏等益智类游戏可以极大地调动幼儿的积极性，培养思维的灵活性、敏捷性、独创性，提高幼儿综合运用数学知识解决问题的能力。

(6) 多感官参与的数学游戏

多感官参与的数学游戏是指通过不同的感觉器官（眼睛、耳朵、鼻子、嘴、手等）对事物进行感知，从而获得对数、量、形、时间、空间的感知和理解的游戏。例如，在"神奇的箱子"游戏中，幼儿能够运用触觉去辨别图形的形状。

(7) 运动性数学游戏

运动性数学游戏寓数学知识于体育活动中。幼儿可以在体育游戏中，运用和巩固数学知识，发展数学能力。例如，幼儿一边跳绳一边计数，在进行体育锻炼的同时巩固计数能力。

3. 比较法

比较法是通过对两个（组）或两个（组）以上的事物进行比较，感知并指出这些事物在数、量、形、空间等方面的异同及其相互关系。比较法常见的类型是对应比较，即把两个（组）事物一对一进行比较，具体分为叠放比较、并放比较和连线比较等。

4. 探索发现法

探索发现法是教师不直接告诉幼儿或给幼儿讲解数学知识，而是启发诱导幼儿在已有的数学经验基础上，通过积极思考和探索主动发现数学知识的一种方法。教师要通过提出具有启发性的问题或提供适当的材料等方式，激发幼儿主动思考，积极探索。

5. 讲解演示法

讲解演示法是教师通过向幼儿直观展示教具并配合口头解释，把抽象的数学知识具体形象地呈现给幼儿的一种方法。

三、数学教学活动中幼儿深度学习困境与解决

（一）幼儿深度学习困境

1. 幼儿体验与操作不足，教师言语灌输过多

体验与操作在幼儿数学学习中具有重要意义。皮亚杰提出，"抽象的思维起源于动作"。年龄越小，在进行数学学习时对于动作的依赖度越高。例如，幼儿在最初练习计数时，常常需要借助手指进行点数，随着计数技能日渐熟练才逐渐将动作内化，改为心中默数。

但是，一些幼儿园数学教学活动中存在幼儿体验操作不足、教师语言灌输过多的现象。例如，在进行算式教学时，教师直接告诉幼儿"3+2=5"，并且重复多次，强调幼儿一定要记住。过段时间，教师还会考幼儿"3+2等于几"。有的幼儿记忆力比较好，答案脱口而出。教师会以为幼儿已经掌握了加法运算，实则不然。如果教师在教学过程中没有遵循幼儿认知特点与规律，学习只是停留于记忆层面，那么幼儿就只是记住了现成的答案，却不理解算式中所蕴含的实际意义，这对于幼儿数学思维的培养与逻辑能力的提升非但起不到作用，可能还会误导幼儿将这种死记硬背式的学习方式，迁移到其他的学习任务中，导致学习只是"蜻蜓点水"。这种没有建立在理解的基础上、仅仅通过记忆或训练达到的熟练，并不具有发展思维的价值。

2. 幼儿学习内容的难度不适宜，教师对于幼儿的已有水平认识不到位

适合幼儿的学习难度应在其最近发展区内。但是，很多数学教学活动会出现学习内容过易或过难的情况，阻碍幼儿的深度学习。若数学学习内容过于简单，如请大班的幼儿进行 5 以内的点数，幼儿会觉得缺乏挑战性，不利于幼儿数学学习兴趣的培养与认知水平的提升。若数学教学内容难度过大，超出幼儿当前可接受的范围，与幼儿已有经验脱节或与幼儿的实际生活缺乏联系，则会使幼儿在学习过程中感到吃力，产生挫败感，也会阻碍幼儿的深度学习。

3. 幼儿的联系建构能力有限，教师支持水平有待提升

研究表明，儿童早期数学知识的习得是和许多具体的情境相连的，但他们最初在不同的情境中对数的理解是不会融会贯通的，要经过相当长的时间才能逐步整合起来，如儿童学会了数数之后并不会马上就运用数数去比较两个集合或理解数数和加减运算之间的关系。[①] 教师应在促进幼儿对数的理解上做足功夫。但是，在实际的数学活动中，教师会出现"从概念到概念"的情况。这不利于幼儿对数的理解，也不利于幼儿将多个概念融会贯通。教师在促进幼儿理解与迁移运用知识方面的能力有待提升。

> **案例**
>
> 在数学活动"你买我卖"的操作环节，教师为幼儿准备了不同的商品，且贴好了价格标签，还给幼儿发放了一定面额的代币。教师请一组幼儿扮演售货员卖商品，在买卖中提高数的运算能力。然后，两组进行交换。

[①] 张俊. 幼儿园数学领域教育精要：关键经验与活动指导 [M]. 北京：教育科学出版社，2015：31.

> 幼儿一开始情绪高涨,积极买卖。但是一轮过后,幼儿很快失去了兴趣。教师鼓励幼儿再去买卖商品时,幼儿会表达"我已经买过了""不想买了"等。

案例分析

商品的买卖事实上与商品的生产、使用联系在一起,商品的价值在于满足人们的生活需要。教师在教学活动中没有联系幼儿生活实际创设相应的情境,只一味地要求幼儿进行商品买卖,使商品买卖失去了价值,使幼儿失去活动兴趣,更难以支持幼儿深度学习。如果买卖能够联系生活情境,幼儿可以有多种数运算练习机会,并学会将数运算迁移应用生活实际中。

(二)解决建议

1. 重视幼儿的体验操作与主动建构

在数学教育中,主客体的相互作用具体表现为幼儿操作物质材料、探索事物之间关系的活动。让幼儿操作、摆弄实物,并促使其将具体的动作内化于头脑,是发展幼儿思维的根本途径。[①] 教学活动中教师需要明确教学的目标与任务,围绕目标与任务为幼儿提供丰富多样的操作材料,鼓励幼儿积极操作与体验,主动建构新的知识与经验。

---

① 张俊. 幼儿园数学领域教育精要:关键经验与活动指导[M]. 北京:教育科学出版社,2015:48.

案例

在小班的等量配对活动①中，教师布置的任务是按小动物（小狗）卡配等量的食物（骨头）卡——1只小狗喂1根骨头，2只小狗喂2根骨头，3只小狗喂3根骨头……幼儿在刚开始进行操作时，一般采取每次拿一张骨头卡片，一一对应每只小狗，通过往返多次，反复一一对应，完成等量配对。但是经历多次的重复操作后，幼儿的动作出现了简化与概括，他们每次会拿2—3张甚至更多的骨头卡片，走到每张小狗卡前，对应放一张骨头卡片，完成等量配对。最后，幼儿的操作达到了非常熟练的程度，他们只要看一眼小狗卡数量，就直接放几张骨头卡片，不必再用一一对应的方法核对数量是否相等。

案例分析

在这个案例中，幼儿从最初的每次拿一张卡片，一一对应，往返多次，发展到最后看一眼小狗卡数量就直接放对应数量的骨头卡片。幼儿通过实际动手操作，经历了外显直观动作操作向抽象思维转化的过程，加深了对等量配对的理解。

2. 选择符合幼儿最近发展区的教学内容

在数学教学中，教师需要依据幼儿当前的水平与状态，选择符合幼儿最近发展区的教学内容。若幼儿在教师的支持与引导下仍对学习内容掌握不佳，此时应该考虑降低活动难度，以免过难的教学内容使幼儿产生挫败感与畏惧感；教学内容若太容易，对幼儿缺乏挑战性，

---

① 案例来自张俊著《幼儿园数学领域教育精要：关键经验与活动指导》，有改编。

幼儿可能会觉得无聊乏味，而且过易的教学内容不仅浪费幼儿宝贵的时间，也达不到提升认知水平与促进思维能力发展的作用。因此，教师在制定数学教学活动目标与选择活动内容时，要准确把握幼儿现有水平，合理预估可能达到的水平。在此基础上，教师应采用恰当的教学策略，支持幼儿在联系已有经验的基础上，理解建构新经验，促进知识的迁移与应用，实现幼儿的深度学习。

3. 关注幼儿学习的整体性与综合性

幼儿数学教学要重视教学内容的综合性。相对于分领域学习，幼儿深度学习更容易在整体性学习中实现。幼儿的深度学习是在问题驱动下综合运用各种知识和经验进行的学习，具有综合性。幼儿的深度学习包含情感、社会性、认知的参与，具有整体性的学习特点，不是零散的、片段的，而是循序渐进的过程。[1] 首先，教学内容的选择和安排应重视与生活的联系，如在学习一一对应与计数时，联系一日生活中值日生分发碗筷的工作。其次，数学领域的教学活动可以与其他各领域的内容建立联系，做到融会贯通，如运用与数学有关的绘本来激发幼儿数学学习的兴趣，在绘画、手工活动中感受和表现对称、旋转。

第六节　音乐领域教学活动

幼儿园音乐教育和美术教育同属于《幼儿园教育指导纲要（试行）》和《3—6岁儿童学习与发展指南》中的艺术领域。艺术教育以育人为根本目标，重在引导幼儿感受美与表现美。在《幼儿园教育指导纲要（试行）》中，幼儿园艺术领域教育的总目标包括：①能初步感受并喜爱环境、生活和艺术中的美；②喜欢参加艺术活动，并能大胆地表现自己的情感和体验；③能用自己喜欢的方式进行艺术表现活

---

[1] 叶平枝，等. 幼儿深度学习课程设计与实施［M］. 北京：教育科学出版社，2022：13.

动。《3—6岁儿童学习与发展指南》将艺术领域的学习与发展总目标分为感受与欣赏、表现与创造两个方面,其中包括:①喜欢自然界与生活中美的事物;②喜欢欣赏多种多样的艺术形式和作品;③喜欢进行艺术活动并大胆表现;④具有初步的艺术表现与创造能力。

一、目标与内容

(一)目标

1. 幼儿音乐教育总目标

依据《幼儿园教育指导纲要(试行)》和《3—6岁儿童学习与发展指南》中提出的艺术领域总目标来看,幼儿音乐教育的总目标应包括以下方面:①愿意积极主动参加各种类型音乐活动,能够用自己喜欢的方式进行音乐活动,在音乐活动中敢于大胆表现,乐于与人合作交流,并感到满足与愉悦;②能感受与认识音乐中的美,初步了解多种类型的音乐表现形式与手段,掌握一些简单的音乐知识与技能。

2. 幼儿音乐教育的年龄阶段目标

《3—6岁儿童学习与发展指南》对幼儿音乐教育分年龄目标表述见表3-17。

表3-17 不同年龄班音乐教育目标

	感受与欣赏	1. 容易被自然界中的鸟鸣、风声、雨声等好听的声音所吸引
小班	表现与创造	2. 喜欢听音乐或观看舞蹈、戏剧等表演
		3. 经常自哼自唱或模仿有趣的动作、表情和声调
		4. 能模仿学唱短小歌曲
		5. 能跟随熟悉的音乐做身体动作
		6. 能用声音、动作、姿态模拟自然界的事物和生活情景

续表

中班	感受与欣赏	1. 喜欢倾听各种好听的声音，感知声音的高低、长短、强弱等变化
		2. 能够专心地欣赏自己喜欢的文艺演出，有模仿和参与的意愿
		3. 欣赏艺术作品时会产生相应的联想和情绪反应
	表现与创造	4. 经常唱唱跳跳，愿意参加歌唱、律动、舞蹈、表演等活动
		5. 能用自然的、音量适中的声音基本准确地唱歌
		6. 能通过即兴哼唱、即兴表演或给熟悉的歌曲编词来表达自己的心情
		7. 能用拍手、踏脚等身体动作或可敲击的物品敲打节拍和基本节奏
大班	感受与欣赏	1. 乐于模仿自然界和生活环境中有特点的声音，并产生相应的联想
		2. 欣赏音乐作品时常常用表情、动作、语言等方式表达自己的理解
		3. 愿意和别人分享、交流自己喜爱的艺术作品和美感体验
	表现与创造	4. 积极参与音乐活动，有自己比较喜欢的活动形式
		5. 音乐活动中能与他人相互配合，也能独立表现
		6. 能用基本准确的节奏和音调唱歌
		7. 能用律动或简单的舞蹈动作表现自己的情绪或自然界的情景

3. 幼儿音乐教学活动的目标[①]

幼儿音乐教学活动一般可以分为欣赏、歌唱、韵律、打击乐。不

---

① 王惠然，李雁，罗淑娟. 幼儿园音乐教育与活动指导［M］. 2 版. 北京：北京师范大学出版社，2023：20，46，72，100.

同类型教学活动的常见目标见表 3-18。

表 3-18　不同类型音乐教学活动常见目标与具体示例

类型	常见目标	具体示例
欣赏活动	初步理解音乐或舞蹈的常用概念，知道如何运用这些概念表达自己对音乐的理解	知道音乐的节奏、速度、节拍，并能据此分辨活泼的、忧伤的音乐
	能在欣赏音乐、舞蹈中深化自己的感知和理解	通过欣赏作品中的细节，形成自己对音乐的理解
	初步学习运用语言、美术、动作等不同手段来表现自己对音乐、舞蹈作品的理解与认识、想象与联想	在欣赏音乐时，身体能跟随音乐节奏做出不同的动作
	能体验并喜欢与他人分享倾听音乐、观赏舞蹈作品的快乐	能专心欣赏音乐并沉浸其中
	对各种不同的音乐、舞蹈的形式、内容有比较广泛的爱好	喜欢听欢快或平静等多种类型的音乐
歌唱活动	能感知、理解歌词和曲调表现的内容、情感和意义	能通过歌词内容理解歌曲表现了快乐的情绪
	知道保护嗓子，用适度的音量歌唱	知道要用适当音量来唱歌
	能正确地再现歌曲的歌词和曲调，较正确地咬字、吐字和呼吸	能够准确唱出歌词，并且在唱歌时保持自然呼吸
	能自然地运用脸部表情和身体动作演唱歌曲	唱歌时表情自然，面带笑容
	能在集体中控制自己的声音，与他人协调	在唱歌音量过大时，能根据集体的声音大小及时调整

续表

类型	常见目标	具体示例
韵律活动	能感知、理解韵律活动表现的内容、情感和意义	能感受到《狮王进行曲》律动中狮子的情绪变化
	能感知韵律活动中动作与音乐的关系	能感受到音乐中连贯与跳跃的旋律变化，并做出相应的动作
	能控制自己的身体按照意愿开始和停止动作，能比较协调地做出各种韵律动作	能用肢体动作表现足球的滚动与跳跃
	能比较自如地运用自己的身体动作进行再现性和创造性表现	能跟随音乐做出具有创新性的肢体动作
	喜欢参加韵律活动，能够体验并享受活动的快乐	能够体验集体韵律活动的乐趣
打击乐演奏活动	能够认识、辨别各种常用打击乐器及其音色特点	能分辨鼓、锣、沙槌的声音
	掌握一些简单的节奏型	掌握3/4拍的节奏特点
	熟练掌握一些常用打击乐器的演奏方法	掌握鼓的演奏方法，能用鼓与音乐形成配合
	能够在集体的演奏活动中有意识地控制、调节自己奏出的音色，与集体演奏相协调	能够根据音乐和集体的节奏使用沙槌
	能够学习并掌握使用、调整和保护乐器的简单方法	知道鼓面容易损坏，能够小心使用
	愿意探索乐器的不同演奏方法，并尝试创造性地表现	在了解鼓的使用方法后，主动探索鼓与锣的合作演奏方法
	积极体验并享受与他人合作演奏的快乐	主动尝试与他人用乐器进行合奏，并能够协调一致

（二）幼儿音乐教学活动的内容

幼儿音乐教学活动的内容也分为欣赏、歌唱、韵律和打击乐四种。在幼儿园音乐教育实践中，音乐活动涉及的内容是综合性的，各部分内容相互渗透并有层次，独立性则是相对的。[①]

1. 欣赏

音乐欣赏活动是一种审美活动，是通过音乐认识世界。音乐欣赏可以让幼儿接触更多优秀的音乐作品，丰富音乐经验。为了帮助幼儿更好地感受和理解音乐，教师应先培养幼儿倾听声音的能力，培养幼儿对声音的敏感性，引导幼儿发现自然界和周围环境中发出的声音。

教师引导幼儿积累声音素材和经验，倾听人、日常用具、周围环境的声音。同时，教师引导幼儿感知音乐元素和作品，感知声音高低、强弱等，欣赏丰富多彩的音乐作品（如儿童歌曲、成人歌曲、器乐曲、戏曲等）。

2. 歌唱

歌唱是用嗓音演唱各类歌曲、表达与交流情感的一种音乐活动形式，在幼儿园音乐教学中居于重要地位。幼儿歌唱活动的教育内容主要包括学唱歌曲、掌握歌唱的表演形式、提高歌唱能力和做好嗓子保护。

教师应当选择幼儿能理解、感兴趣且有利于幼儿身心发展的歌曲。歌词结构应简单且有重复，内容应有趣且易于理解，宜用动作表现。歌曲音域、节奏、速度适宜，合乎幼儿的发展特点。歌唱的表现形式主要有独唱、齐唱、接唱、对唱、领唱与齐唱结合、轮唱、合唱和表演唱等。提高幼儿歌唱能力的重点在于引导幼儿养成好的歌唱习惯，

---

① 黄瑾，阮婷. 学前儿童音乐教育与活动指导［M］. 上海：华东师范大学出版社，2014：71.

包括采用正确的歌唱姿势，自然地呼吸，正确地发声、吐字，把握好歌唱时的音准、表情，在集体演唱时做到协调一致。此外，幼儿还需要知道和掌握嗓子保护的基本知识，包括不大声喊叫着唱歌，不在剧烈运动后大声唱歌，不长时间地连续唱歌，不在污浊的环境中唱歌，不在感冒、咽喉发炎时唱歌，在唱歌时努力保持身体、心情、表情、嗓子的舒适状态并会自我调节。

3. 韵律

韵律是在音乐的伴奏下进行的与音乐相协调的、有节奏的身体动作过程，是幼儿体验和表达情感最自然的方式之一。韵律活动不仅能发展幼儿身体运动的能力、用肢体动作感受和表达音乐的能力，还能发展幼儿对音乐的探究能力，发展幼儿的想象、创造和表达能力。

幼儿韵律活动包括律动、舞蹈、歌表演等。律动是根据音乐的性质、节拍、速度等，有规律、反复地做一个或一组动作，可以分为基本动作、模仿动作和舞蹈动作三种。舞蹈运用舞蹈语言、节奏、表情和构图等多种基本要素，塑造舞蹈形象，表达思想感情。幼儿舞蹈有集体舞、邀请舞、双人舞、表演舞、独舞等形式。歌表演是在歌曲演唱中配以简单的动作、形象、姿态和表情表达歌词内容和音乐形象，能够通过表演加深对音乐的理解，进而实现对歌曲的创造性表达。

4. 打击乐演奏

打击乐演奏活动是以大肌肉动作参与为主，通过操作打击乐器，运用一定的节奏和音色来表现音乐的一种活动。打击乐器没有固定音高，有利于幼儿掌握音乐节奏。同时，打击乐器易操作，是幼儿最易掌握的乐器。开展集体打击乐活动还能有效发展幼儿的合作意识和协调能力，发展幼儿的探索精神和创造能力。在幼儿园中，打击乐演奏活动可以分为以演奏为主的打击乐活动和打击乐部分参与的音乐综合活动。

二、深度学习取向下音乐教学活动的组织过程与策略

幼儿园音乐教学活动的一般组织过程为"经验唤醒、欣赏学习、表达创造"。一般情况下,教师会先复习幼儿较为熟悉的作品,在复习中巩固幼儿已有知识和技能,引导幼儿对熟悉的作品产生新的理解和体验,进而迁移到新的学习情境中,学习新的内容,最终将新旧经验联系起来进行创造性表达。不同类型的音乐教学活动有着不同的组织过程。

(一)不同类型音乐教学活动的组织过程

1. 欣赏活动的组织过程

欣赏活动目的在于让幼儿感知更多优秀的音乐作品,丰富音乐经验,发展思维、想象、记忆能力,培养幼儿的倾听习惯和能力,以及对音乐稳定持久的兴趣和初步的审美能力。欣赏活动可以依据"经验准备、初步感知、初步欣赏、深入欣赏"的过程展开。

(1)经验准备

音乐表现了人们的现实生活和思想感情,只有具备相关的知识和丰富的生活经验才能更好地感知音乐作品,也只有幼儿所熟悉的和理解的内容才会使幼儿真正感兴趣。[1] 在组织幼儿欣赏前,教师应联系幼儿生活经验帮助幼儿理解作品内容,唤醒幼儿已有的音乐经验,对作品的主要形式特点(例如音乐的情绪情感、旋律、节奏、速度、所使用的乐器等)进行初步分析。

(2)初步感知

教师应将所欣赏的音乐作品提前呈现给幼儿,使幼儿有意识、无意识地整体感受音乐作品。除了在教学活动开始时播放音乐请幼儿感

---

[1] 蒋荣辉. 幼儿音乐教育 [M]. 海口:南海出版公司,2010:105.

知，教师还可以将作品感知渗透在一日生活中，帮助幼儿将音乐与生活经验联系起来，对音乐有整体的印象和感受。例如，教师可以根据作品的形式与内容，选择将作品渗透在晨间活动中、餐前餐后、午睡后，或体育活动、美术活动等活动中。

（3）初步欣赏

在初步欣赏环节，教师应用语言简单介绍作品的名称、背景信息等，并组织幼儿完整地欣赏一遍音乐，使幼儿对音乐有完整的感受。在欣赏过程中，教师可以通过启发式提问引导幼儿理解和分析作品，如："音乐有什么变化？""视频中的主人公做了哪些动作？"

（4）深入欣赏

幼儿不仅要对音乐整体的内容和情绪有所把握，还要感受和理解作品中各种表现形式、旋律变化、速度变化的作用，较为完整、细致地感知音乐作品。教师还可以引导幼儿深入思考音乐作品能够运用到哪些不同的情境中。

2. 歌唱活动的组织过程

歌唱活动一般按照"导入新歌、教师范唱、学唱新歌、创编歌词及动作"的过程展开。

（1）导入新歌

在歌唱活动开始前，教师应先为幼儿提供相关的感性经验，帮助幼儿熟悉和理解歌曲。一方面，教师可以在其他活动中提前播放歌曲。例如，在晨间接待时重复播放幼儿将要学习的歌曲《我上幼儿园》。这样在正式学习时，幼儿会感到熟悉，有更高的学习兴趣。另一方面，教师可以根据歌词为幼儿提供实物、卡片、玩偶等，帮助幼儿积累感性经验，理解歌词含义。教师还可以通过故事、谜语等方法，将幼儿的注意力吸引到新歌中，并帮助幼儿理解歌词，为幼儿学唱和表演歌曲打下基础。

（2）教师范唱

范唱是教师将新歌正式介绍给幼儿的过程。常见的范唱形式有教师亲身示范、播放录音或视频等。教师优美且富有感情的范唱能为幼儿树立好的榜样，感染幼儿，激发幼儿音乐学习的兴趣。教师在范唱时不仅应有正确的歌唱技巧，也要有良好的姿态、发音、吐字和一定的情绪感染力。

（3）学唱新歌

新歌教学环节又分为四个步骤：介绍歌词、熟悉节奏、分句教唱、整体教唱。第一，学唱新歌要先掌握歌词。一般情况下，幼儿歌曲歌词简单，且具有一定的规律性，教师应通过提问的方式引导幼儿发现歌词的规律。但是，有些歌曲歌词较长，且没有特定规律，教师可以引导幼儿将歌词串联起来。例如，"《蝴蝶花》这首歌曲讲述了一件什么事？为什么蝴蝶不害怕？"当幼儿对歌词内容或情节有了理解，学唱就相对简单。第二，幼儿歌曲一般节奏鲜明、韵律感强且朗朗上口。教师可以边打节奏边念歌词，让幼儿同步学习歌词和节奏。第三，教师引导幼儿跟唱歌曲，将歌词、旋律、节奏结合起来，最终学会演唱完整的歌曲。

（4）创编歌词及动作

幼儿歌曲多有重复和拓展的余地，为幼儿歌唱活动的创编创造了条件。例如，歌曲《买菜》中提到了不同种类的蔬菜，幼儿可以借此机会，调动已有认知经验，实现知识的迁移与运用，将自己所知道的蔬菜和颜色对应，创编歌词"青菜绿油油，柿子红彤彤"等。除了创编歌词外，对于节奏强、适合表演的音乐，教师应当鼓励幼儿大胆想象，在感受和理解音乐作品的基础上进行动作创编。

3. 韵律活动的组织过程

韵律活动可以按照"经验准备、导入音乐、动作学习、练习与创造"的过程展开。

（1）经验准备

韵律活动要建立在幼儿亲身体验的基础上。生活中有趣的声音和形态是幼儿韵律动作创编的重要来源，也是幼儿模仿的素材和基础。教师不仅要在生活中引导幼儿细心观察，积累丰富的感性认识，也应在教学开始环节借助故事、儿歌、谜语等唤醒并进一步丰富幼儿的经验。

（2）导入音乐

在感受和熟悉音乐的过程中，教师应引导幼儿重点感受音乐表达的情绪，分析音乐的风格、节奏、力度、速度，并鼓励幼儿跟着节奏做轻微的体态动作（如点头、拍手、跺脚等）。教师可以做动作示范，带动幼儿模仿，并在动作变化中感受和熟悉乐句与乐段。

（3）动作学习

幼儿可以直接通过观看教师示范与模仿来学习简单的韵律。对于比较复杂的律动与舞蹈动作，教师还需要为幼儿进行分析和讲解，讲清楚每个动作的基本要领，并指导幼儿全身协调配合。在集体舞中，教师还需要帮助幼儿编排队形。幼儿韵律动作和队形设计不宜复杂，也不宜一味地追求动作整齐，而应注重幼儿的感知与表达，让幼儿有更多的时间去思考和理解动作。

（4）练习与创造

在幼儿学习某个律动或舞蹈后，教师要有意识地采用多种方法带领幼儿复习，还可以利用头饰、彩带等道具提高幼儿的表演兴趣。此外，教师应鼓励幼儿运用已有经验创造性地表达与表现。

4. 打击乐演奏活动的组织过程

打击乐演奏活动一般按照"认识打击乐器、欣赏打击乐曲、练习基本节奏、演奏打击乐"的过程展开。

（1）认识打击乐器

教师可先提供多类打击乐器供幼儿玩耍、摆弄，让幼儿主动探索这些乐器的发声方法。在此基础上，教师通过语言讲解和亲身示范等方式向幼儿介绍不同乐器的名称、外形、音色等特点，并指导幼儿正确使用打击乐器。

(2) 欣赏打击乐曲

教师先介绍打击乐曲的名称、内容、性质，接着用弹奏或播放音乐的方式带领幼儿感受音乐。在整体欣赏与感受的基础上，教师应引导幼儿分析与了解乐曲的配器情况，如："音乐中出现了什么乐器的声音？""哪些乐器在演奏中起主要作用？"教师可以带领幼儿再次听音乐，并边听音乐边分析，在互动中引导幼儿复习已知的打击乐器，认识新出现的乐器，实现经验的联结与重组。

(3) 练习基本节奏

在了解配器的基础上，教师组织幼儿按照不同的演奏谱练习打击乐，可以先指导幼儿徒手拍击节奏练习，也可让幼儿通过模仿演奏动作或用嗓子发出声响的方式进行练习。需要注意的是，徒手练习的时间不宜过长，以免降低幼儿参与打击乐演奏活动的积极性。

(4) 演奏打击乐

在分段、分声部练习后，教师指挥幼儿持乐器进行多声部合奏。为了易于幼儿学习，教师可以依次递增一个声部，以达成合奏。

(二) 音乐教学活动的常用策略

1. 创设情境，激发幼儿学习主动性

情境创设指教师通过创设一定的场景、环境，将抽象的音乐元素转化为幼儿能理解的表象，使幼儿身临其境。教师可以在活动导入时模拟故事情境、创设图谱展示情境等。[1]

模拟故事情境，指让幼儿或教师扮演故事中的角色，在吸引幼儿倾听音乐的同时，思考角色动作、声音和心理活动，产生表现欲望。例如，在《小老鼠上灯台》音乐欣赏活动中，教师邀请幼儿扮演小老鼠，激发幼儿参与活动的主动性。

---

[1] 黄瑾，阮婷. 学前儿童音乐教育与活动指导 [M]. 上海：华东师范大学出版社，2014：169.

通过创设图谱将抽象的音乐转化为直观的形象，可以帮助幼儿理解音乐内容。在歌唱和韵律活动中，教师可以先引导幼儿观察和学习图谱，发现歌曲的规律，帮助幼儿掌握节奏，理解歌词。

2. 调动经验，建立新旧知识的联系

幼儿已有的认知经验是产生新经验的基础。学习是在已有的认知结构基础上通过经验的联系产生新的经验组合。在音乐教学活动中，教师可以通过音乐游戏等方式唤醒幼儿的已有经验，帮助幼儿建立新旧经验间的联系。例如，在韵律活动中，教师选择的动作应当既有幼儿已经掌握的熟悉的动作，也有新的动作。

3. 启发想象，培养想象力与创造力

音乐是激发幼儿想象力与创造力、促进幼儿个性发展的有效手段。为了激发幼儿的想象力与创造力，教师可以多为幼儿提供表达与表现的机会，并欣赏和鼓励幼儿的创作。教学的重点并非技能和技巧的训练，而是要为幼儿提供自主感受、自主表达的机会，引导幼儿发现美、感受美、表现美、创造美。例如，在音乐欣赏活动中，鼓励幼儿在欣赏音乐后大胆想象，根据音乐创编故事；在韵律活动中，鼓励幼儿在感受音乐后自主创编动作，而不只是跟着教师做规定动作。

音乐作品的重要特点就在于表达人们内在的情感体验。[①] 幼儿对音乐的想象来自生活经验、对音乐的理解、对自然的感受。教师可以通过提问等方式引导幼儿理解音乐情境与特点，产生丰富的联想与想象。例如，音乐《狮王进行曲》的片段沉重有力，教师可以请幼儿思考："狮子的神态是什么样的？你能模仿一下吗？"

---

① 黄瑾，阮婷. 学前儿童音乐教育与活动指导［M］. 上海：华东师范大学出版社，2014：180.

三、音乐教学活动中幼儿深度学习困境与解决

（一）幼儿深度学习困境

1. 教师更关注物质材料准备，幼儿经验准备不足

活动准备是活动开展的前提与基础，影响着活动的质量和效果。一些教师在音乐教学活动中更重视物质材料准备，忽视幼儿经验准备，以致教学活动中幼儿缺乏兴趣，难以调动已有经验，无法实现深度学习。例如，在欣赏《糖果仙子舞曲》活动中，教师准备了丰富的物质材料，包括音乐课件、仙女头饰、小老鼠头饰和尾巴等。[①] 教师通过故事情境导入活动，但并没了解过幼儿的相关经验，也没有在活动前渗透与乐曲相关的知识。该音乐分为四段，对幼儿来讲偏难。活动开始后，幼儿虽然被糖果仙子和小老鼠的故事吸引，但是在听完一遍音乐后，幼儿并不能回答教师的提问。即便教师多次引导，也只有个别幼儿能够说出老鼠出现时的音乐。

2. 教师提问方式不当，幼儿主体性发挥受限

在一些音乐教学活动中，教师多封闭性提问，且预设好了答案。同时，一些教师的提问过于密集，很多幼儿跟不上活动进程，处于"走神"或"无所事事"的状态。在这类问答中，幼儿主体性发挥受限，常处于接受学习状态，思维和创造性受限，难以实现深度学习。例如，音乐《水果恰恰恰》欣赏活动中，教师围绕自己设定的故事情境提出了一连串问题，幼儿只能被动跟随教师设定的故事情境猜测答案。当幼儿的答案不符合教师的预期时，教师便不予以正面回应。

3. 教师引导方向有偏，幼儿想象力与创造力得不到重视

一些教师过于注重音乐知识学习和技能训练，在教学过程中忽略

[①] 盛婷. "幼儿为本"理念下幼儿园音乐欣赏活动的问题研究：以 S 幼儿园中班为例[D]. 上海：上海师范大学，2020.

了幼儿对音乐作品的独特理解与创造性表达。在一些音乐教学活动中，幼儿在教师的高控指令下唱歌、做动作，难以感受到音乐带来的快乐，更难以发挥想象力与创造力。还有一些教师将某种对音乐的理解强加于幼儿，将开放的音乐意境窄化为某种具象的动作或事件，错误地引导幼儿。例如，在中班音乐《快乐的农夫》欣赏活动中，教师让幼儿全程模仿示范动作，没有给幼儿理解和创造性表现音乐的机会；在小班一个音乐欣赏活动中，教师按照某教材上的提示将音乐想象为观察蚊子飞和打蚊子的过程，并要求所有幼儿按此理解和做动作，完全限制了幼儿对音乐的理解，甚至导致幼儿对音乐的抵触。

（二）解决建议

1. 联系幼儿生活选择音乐教学内容，提升幼儿参与的主动性

如果幼儿具备相关经验，那么幼儿会更加主动地参与音乐教学活动，感受和表现音乐。教师可以选择与幼儿生活联系紧密的内容，也可以对源于幼儿生活的材料进行改编，生成更适合本班幼儿的活动内容。反映幼儿生活的歌词更容易吸引幼儿的兴趣且被幼儿理解。例如，歌曲《三只猴子》中的猴子形象是幼儿熟知的，故事情节围绕三只猴子调皮的行为展开，仿佛是幼儿游戏行为的折射，深受幼儿喜欢。

2. 使用适宜的提问，帮助幼儿实现知识建构

在音乐教学过程中，教师应通过适宜的提问，引导幼儿整合新旧音乐经验。提问方式可以分为五种，分别是回忆式提问、分析式提问、反思式提问、发散式提问、辩论式提问。[①] 适宜的提问可以引导幼儿回忆已有知识，评价和强化新的学习内容，加深知识理解，并使幼儿积极主动地投入到教学互动中。教师既可以通过提问了解幼儿的发展水平、面临的困境，还可以借助提问引发思考，发起讨论。以中班音乐

[①] 郝明晶.以问题解决为导向的幼儿深度学习的教师支持策略研究［D］.长春：东北师范大学，2021.

《淘气的小水滴》欣赏活动[①]为例，教师先通过提问"你们之前在哪里见过小水滴"激活幼儿的先前经验，将已有经验与当下问题情境联系起来，再通过提问"听完音乐后你们有什么感受"引导幼儿表达情绪体验，接着通过提问"小水滴会变成什么形状"引发幼儿的发散性思维，让幼儿从不同角度、不同层次思考同一问题与同一事物，提升对小水滴的理解。

3. 避免简单的结果评价，支持幼儿个性化的表达与创造

音乐学习应当注重过程体验而非最后的结果。教师应重视幼儿的即兴表演、演奏与动作创编，激发幼儿音乐潜能。当幼儿在欣赏音乐或者跟随音乐做动作时，教师应该尽量避免用对不对、像不像等来评价幼儿，要支持并鼓励幼儿进行更多创造性表达。此外，教师要对幼儿的音乐理解保持高度的敏感，关注幼儿对音乐的情感体验。除了引导和鼓励幼儿用语言表达外，教师还可以鼓励幼儿用动作、表情、绘画等多种方式表现。教师也应该在了解班级幼儿的整体情况下，关注不同幼儿的个性差异，引导每个幼儿在音乐教学活动中获得良好发展。

第七节 美术领域教学活动

一、目标与内容

（一）目标

1. 幼儿美术教育总目标

根据《幼儿园教育指导纲要（试行）》和《3—6岁儿童学习与发展指南》中艺术领域的教育目标，幼儿美术教育的总目标可以分两个

[①] 安金雨. 幼儿园歌唱教学活动的问题与策略研究：基于建构主义视角［D］. 长春：东北师范大学，2015.

方面。

一是在感受与欣赏方面，幼儿能喜欢欣赏自然美景、生活中美的事物和多种多样的艺术形式与作品；在欣赏中能表现出主动与专注，对作品内容与形式进行简单分析，产生相应的联想和情绪反应，并且愿意与人分享与交流欣赏体验。

二是在表现与创造方面，幼儿能喜欢艺术创作活动，敢于大胆表现，并具有初步的艺术表现与创造能力。幼儿能积极参与美术创作活动且乐在其中，能做到有意识地在美术创作中表达自己的所见所想，能综合多种工具和形式进行创作，并能运用自己的作品进行环境布置。

2. 幼儿美术教育的年龄阶段目标

幼儿美术教育的年龄阶段目标是总目标在各年龄段上的具体体现。基于《3—6岁儿童学习与发展指南》的目标要求，幼儿美术教育年龄阶段目标具体见表3-19。

表3-19　不同年龄班美术教育目标

小班	感受与欣赏	1. 喜欢观看花草树木、日月星空等大自然中美的事物
		2. 乐于观看绘画、泥塑或其他艺术形式的作品
	表现与创造	3. 经常涂涂画画、粘粘贴贴并乐在其中
		4. 能用简单的线条和色彩大体画出自己想画的人或事物
中班	感受与欣赏	1. 在欣赏自然界和生活环境中美的事物时，关注其色彩、形态等特征
		2. 能够专心地欣赏自己喜欢的艺术品
		3. 欣赏艺术作品时会产生相应的联想和情绪反应
	表现与创造	4. 经常用绘画、捏泥、手工制作等多种方式表现自己的所见所想
		5. 能运用绘画、手工制作等表现自己观察到或想象的事物

续表

大班	感受与欣赏	1. 乐于收集美的物品或向别人介绍所发现的美的事物
		2. 欣赏美术作品时常常用表情、动作、语言等方式表达自己的理解
		3. 愿意和别人分享、交流自己喜爱的艺术作品和美感体验
	表现与创造	4. 积极参与美术活动，有自己比较喜欢的活动形式
		5. 能用多种工具、材料或不同的表现手法表达自己的感受和想象
		6. 美术活动中能与他人相互配合，也能独立表现
		7. 能自编自演故事，并为表演选择和搭配简单的服饰、道具或布景
		8. 能用自己制作的美术作品布置环境、美化生活

3. 幼儿园美术教学活动的目标

幼儿园美术教学活动分为欣赏、绘画、手工三种类型。不同类型美术教学活动的常见目标见表 3-20。

表 3-20　不同类型美术教学活动目标

类型	常见目标	具体示例
欣赏活动	在对周围环境和美术作品的欣赏中感受其造型、色彩、构图，体会其中的对称、均衡、节奏或和谐之美	欣赏菊花，了解其外形特征
	能运用动作、语言、表情等表达自己欣赏后的感受	能用语言描述自己看到美丽的贺卡
	感受美术作品中的形象与内容的意义，与作品或作者产生共鸣	知道不同样式贺卡的意义
	喜欢观看、欣赏不同风格的艺术作品	欣赏以牛为主题的不同形式的艺术作品，包括中国画和油画

续表

类型	常见目标	具体示例
绘画活动	认识常见颜色，并能够说出名称	能够分辨红色、黄色、蓝色纸张
	认识绘画的工具和材料	认识毛笔，并掌握毛笔的基本用法
	知道运用不同的绘画工具和材料表现不同效果的作品	知道要用毛笔画国画
	会使用蜡笔、水彩笔、棉签等工具进行涂染	尝试用油画棒表现自己心中花的形象
	能画出直线、曲线、折线，并能表现出线条的方向、疏密、粗细等	能用疏密程度不同的线条画树林
	能有目的地安排画面内容，表现一定情节	能用不同的圆形表现一定的故事内容
	体验绘画活动的乐趣，能积极投入绘画活动并大胆创作，且能用独特的绘画语言表达自己的想法和感受	能按照自己的色彩搭配方式表现秋天的景象，并大胆地在同伴面前介绍自己的作品
手工活动	了解泥工、纸工与自制玩教具的工具和材料	尝试通过纸杯变形、涂色，制作纸杯花
	知道不同材料能够呈现不同效果	能够根据自己的需要选择适宜的材料表现毛毛虫
	掌握不同手工工具和材料的基本使用方法	尝试探索不同的纸杯分割方式，制作纸杯花
	体验用不同材料进行手工活动的乐趣，能积极投入手工活动，喜欢用手工表达自己的想法和情感	体验泥塑变形带来的快乐，并能够耐心地制作玫瑰花束

（二）幼儿园美术教学活动的内容

幼儿园美术教学活动内容包括美术欣赏和美术创作两种主要类型，常见的美术创作活动又分为绘画与手工两种类型。

1. 美术欣赏

美术欣赏内容不仅可以是专门的绘画、雕塑、工艺美术和建筑艺术作品，还可以是自然景物或周围环境中的美好事物。为幼儿选择欣赏对象应遵循多项原则，兼顾思想性、艺术性、适宜性、安全性、便利性。首先，教师应为幼儿选择人类历史上或本国、本民族文化中最经典的作品，这些作品经过历史的选择与沉淀，兼具人文价值与审美意义。所选的欣赏对象不仅要能让幼儿获得审美体验，还应该给幼儿的精神生活带来积极的影响。其次，作品内容和形式应贴近幼儿生活，能够为幼儿所理解。另外，欣赏对象应支持幼儿在安全和便利的环境与条件下来进行欣赏。

2. 绘画

绘画活动是个体使用笔、纸、颜料等绘画工具和材料，运用线条、色彩、形体等艺术语言以及造型、设色和构图等艺术手段，将生活体验与思想情感通过加工和改造转化为具体、生动、可视的艺术形象的活动。根据使用材料的不同，绘画可以分为彩笔画、蜡笔画、水粉画、水墨画、纸版画、吹画、沙画、刮画等。根据绘画主题来源的不同，绘画可分为命题画与意愿画。命题画是教师提出绘画主题和要求，幼儿按照要求完成的绘画。意愿画是幼儿根据自己的生活体验与感受，独立确定绘画内容、形式和表现方法的绘画。

根据具体内容主题的不同，绘画又可以分为物体画、情节画与装饰画。在物体画与情节画中，教师要选择幼儿感兴趣的、与幼儿生活经验相关的内容作为题材，如向日葵、马路上的汽车、美丽的城市等。装饰画是运用各种花纹、色彩、图形按照形式美的规律进行装饰与美化的活动。装饰画对幼儿的秩序感、形式美感和创造力的培养有积极帮助。教师应引导幼儿观察自然中蕴含美的规律的形象，了解大树、公园、手套、围巾等的装饰规律，使幼儿感受平衡、对称、对比中的美感，进而使用材料进行装饰。

3. 手工

手工活动是个体发挥想象力和创造力，运用撕、贴、剪、折、塑等手段，对具有可塑性的各类物质材料进行加工、改造，制作出艺术形象的一种艺术活动。从使用材料来看，手工可分为纸工、泥工、木工、布工、金工等。按照制作工艺的不同，手工可分为雕刻、塑造、编织、印染、刺绣、缝纫等。就作品功能性质而言，手工可分为观赏性手工、实用性手工、娱乐性手工和科技性手工。依据制作特点来看，手工可分为平面手工（粘贴、剪贴、撕贴、染纸等）和立体手工（泥塑、折纸、厚纸制作等）两种形式。在手工活动中，幼儿不仅可以了解手工原理、造型规律、装饰手段，而且可以发展手部动作的灵活性、精确性，以及手眼协调能力、想象力与创造力。

二、深度学习取向下美术教学活动的组织过程与策略

为了促进幼儿在美术活动中的发展，教师应依据幼儿美术学习的规律与特点设计教学活动，按照"感知与描述、构思与想象、表达与表现、分享与交流"的顺序开展美术教学活动。在美术教学活动中，教师应为幼儿提供丰富且充足的操作材料与工具，为幼儿提供直接操作和充分体验的时间与机会；激发幼儿主动探索的动机，并帮助幼儿在操作与体验中获得感性认识，在行动反思中获得理性认识，在同伴合作和讨论中发展高阶思维能力（问题解决、批判、创新等）。具体来看，不同类型美术教学活动的组织过程可以有适宜的安排。

（一）不同类型美术教学活动的组织过程

1. 欣赏活动的组织过程

美术欣赏是个体充分调动其感知、想象、理解、情感等各种心理能力对美术作品的形式及其意味进行充分体验和认识的活动。[①] 美术欣赏教学活动的组织过程可以按照"感知与描述、感受与理解、判断与评价、回顾与表达"的顺序展开。

（1）感知与描述

在欣赏中，幼儿往往更关注对象的内容与含义，而非其形式和审美特征。即幼儿会主动关心"画了什么"，而少分析"怎么画"。顺应幼儿发展特点，欣赏教学的第一步为初步感知艺术作品。在此阶段，教师应留给幼儿一定时间进行专门感知与独立欣赏，进而引导幼儿描述直观看到的内容。

在欣赏写实类作品时，教师可以让幼儿描述具体形象的名称、状态、数量等；欣赏抽象类作品时，教师可以让幼儿描述画面的基本元素，包括线条、颜色、形状等。教师可以用开放式提问引导幼儿，如："你在画上看到了什么？""你是从哪里看出来的？""这和我们生活中看到的有什么不一样？"

（2）感受与理解

感受与理解是指对作品的形象、内涵和意义进行欣赏，分析作品的表现形式，尝试理解作者运用不同美术元素或形式的意图。在此阶段，教师首先要对艺术形式有一定的理解和欣赏能力，包括不同线条、颜色、亮度代表的含义；其次，教师要选择与作品有关的材料，让幼儿在充分体验、感知与操作中理解这些艺术语言与形式之美；再次，教师要引导幼儿联系生活和已有经验进行深入思考，对美术作品各部分的意义进行解释。例如，有教师提问幼儿："看太阳的颜色让人有什

[①] 孔起英. 幼儿园美术教育 [M]. 北京：人民教育出版社，2004：93.

么感觉?""看到这些线条你的感受是怎样的?""作品中的线条长短、粗细、排列不同给你什么感觉?"

(3) 判断与评价

审美判断是欣赏者在审美感受基础上,运用一定的审美标准,对美的事物或现象的一种意向性的认识、评价与判断,是欣赏者对审美活动的理性回顾和反省。[1] 幼儿的审美判断往往不加过多分析,是一种直觉反应。在这一阶段,教师要引导幼儿对作品做出自己的判断和评价,鼓励幼儿表达自己的观点。同时,教师应帮助幼儿从多样化的作品中吸取审美经验,提高自身的审美判断能力,形成多元开放、多层次的理解。例如,有教师提问幼儿:"你觉得这幅画美吗?""猜想一下作者创作这幅作品时是什么样的心情?""你想不想把这幅画挂在教室里?"

(4) 回顾与表达

在欣赏之后,教师可以鼓励幼儿进行相关创作,并在创作之后再次引导幼儿进行回顾与表达。幼儿不仅要学习用语言、动作、表情等表达对自己或他人作品的感受和联想,也要对自己的创作过程进行回顾与分享。教师应帮助幼儿在反思与讨论中发展高阶思维能力,锻炼概括能力、逻辑思维能力、语言表达能力、分享合作能力与进一步制订计划的能力。

2. 绘画活动的组织过程

绘画活动可以按照"感知获取、激发想象、表达表现、分享交流"的过程展开。

(1) 感知获取

在绘画活动中,幼儿需要对自己头脑中的形象进行加工改造,将之转化为可视的具体形象。教师应帮助幼儿建立绘画主题与生活经验之间的联系,并引导幼儿细致观察物体的颜色、结构等特征,通过多

---

[1] 孔起英. 幼儿园美术教育 [M]. 北京:人民教育出版社,2004:101.

种感官感知与把握事物的基本形态，储存丰富的审美意象。例如，在画苹果活动中，教师可以引导幼儿回忆生活中与苹果有关的场景，接着出示苹果，引导幼儿仔细观察，引出"圆形"的概念，然后，引导幼儿触摸苹果，感受苹果的凹凸不平，细致观察苹果的颜色。对不同年龄班的幼儿，教师应提出不同的要求，并采用灵活的教学策略。例如，小班幼儿能观察物体轮廓与外形，形成基本视觉印象；中班幼儿能看到基本组成部分和形状、颜色、大小等；大班幼儿则要求比较全面、细致地观察物体形状、大小、结构、颜色和动态等。

（2）激发想象

绘画需要幼儿的大胆表现与想象。教师应为幼儿创设宽松的心理环境，激发幼儿的情感和想象，不要对幼儿的绘画限制过多、要求过细。同时，教师可以通过提问、谈话的方式从主题、造型、色彩、构图多方面启发幼儿思考与表现。例如，在画"我的假期"时，教师提问幼儿："你在假期里做了些什么？假期中你最有趣的经历是什么？和谁一起？在什么地方？每个人都在干什么？"

（3）表达表现

教师应为幼儿提供适宜的工具与材料，以及充足的创作空间与时间，鼓励幼儿自主选择与表达。幼儿在创作中一般会表现专注，教师在此阶段不应有过多的干预，只需为幼儿提供必要的支持和帮助。教师可以通过系列活动帮助幼儿学会从不同角度表现物体的造型特征，帮助幼儿掌握美术表现技能，以便幼儿在绘画时能够根据需要使用，使画面生动形象，达成表现意图。例如，在有关人物形象的绘画活动中，教师可以先让幼儿欣赏不同人物表情、脸型、发型、着装等，再引导幼儿围绕"爸爸的发型"或"我的妈妈"等主题进行创作。

（4）分享交流

绘画作品是幼儿生活经验和内心情感的真实表达。在作品分享交流中，教师应引导幼儿说出自己的表现形式与方法、自己作品的独特之处、创作过程中遇到的问题以及解决过程，促进幼儿的知识建构。

教师还应尽量给予正面评价或中肯的改进意见，使幼儿感受到绘画的乐趣，增加绘画自信心。应注意，教师的鼓励或建议都应当是具体且可执行的。嘲笑、责备只会给幼儿带来挫折、失败感，使其产生自卑心理，最终对美术活动丧失兴趣。

3. 手工活动的组织过程

手工活动是教师引导幼儿发挥自己的想象力和创造力，运用多种手段对可塑材料进行加工、改造，制作出艺术形象的一种教育活动。手工活动可以围绕"产生意图、设计构思、制作装饰、生活应用"的过程展开。

（1）产生意图

意图是创作的前提和开端。幼儿手工制作的意图常见有自发型和诱导型两种类型。例如，幼儿拿到一张纸并将其撕成纸条，原本并没有想要做什么东西，但在撕纸的过程中对纸发出的声音、变化的形态产生了浓厚的兴趣。教师可以顺势引导幼儿利用撕的纸条做一碗面条，帮助幼儿明确创作意图。

（2）设计构思

构思是在头脑中通过想象和思维，对手工作品的形态进行整体设计。教师应帮助幼儿积累手工活动需要的平面或立体形象，引导幼儿欣赏优秀的工艺作品，学习其造型、色彩、构成等，并鼓励幼儿在已有经验的基础上进行批判反思、联想和创造。例如，教师可以引导幼儿思考："大象的身体由什么构成？用什么材料做象鼻子最合适？"

（3）制作装饰

制作是对材料进行加工，改变材料的形态，从而实现设计方案的过程。教师应帮助幼儿掌握制作的基本技能，例如学会搓、捏、对齐、抹平等。同时，教师应根据幼儿兴趣与发展水平，与幼儿讨论创作主题，并提供适宜的操作材料。另外，在制作过程中，教师应启发幼儿联想与想象，对材料进行重新排列、组合，锻炼操作技能，提高自主选择、自主决策的能力，在问题解决中加深新旧经验联系，最终能根据脑中构想的目标形态完成制作。

(4) 生活应用

幼儿的手工作品应兼具审美性和实用性。教师应指导幼儿将手工制作与绘画相结合，将手工作品应用于生活、游戏和环境布置中。例如母亲节进行制作项链的手工活动，作品可以做成"送给妈妈的礼物"；为游戏需要制作纸飞机、泥人等，用于开展户外游戏和戏剧表演活动。

(二)美术教学活动的常用策略

1. 提供操作材料，丰富幼儿直接经验

教师应为幼儿提供丰富、多样、适宜且具有审美价值的操作材料和工具。幼儿的主要学习方式是直接感知、实际操作与亲身体验。操作和体验美术材料可以促进幼儿深度探索，帮助幼儿获得美术相关经验。在美术活动中，教师应支持幼儿自主选择材料，鼓励幼儿在操作材料中发现材料的不同特性，探索材料的多种用法。

2. 引发多主体对话，帮助幼儿加深理解

对话是美术教学的主要方法。通过对话，教师不仅能为幼儿提供思想上的启发和技术上的支持，也能帮助幼儿实现审美理解。幼儿园美术教学活动中的对话既包括幼儿与教师间的对话，也包括幼儿与创作者、欣赏者之间的对话。应注意，艺术是开放的，对话双方的关系是平等的。教师不应以权威压制幼儿，而是要引导幼儿以多种方式表达自己的审美感受。另外，教师不但要自己学会提问，还要教会幼儿提问。[①] 通过教师的提问与引导，幼儿在观察、思考、探索中建构形象，拓宽视野，加深对美术作品的理解。

3. 创设问题情境，关注问题解决与批判反思

在美术教学活动中，教师可以创设问题情境，引导幼儿以个人或

---

① 孔起英. 幼儿园美术领域教育精要：关键经验与活动指导 [M]. 北京：教育科学出版社，2015：120.

小组为单位，围绕某一问题进行讨论，各抒己见，相互启发，获得思考。例如，在一次美术欣赏活动中，面对多个作品，教师提问："我该把票投给谁呢？"以此引导幼儿说出不同作品的特点，对作品内容与特点进行深度分析，加深对作品的理解，发展高阶思维能力和审美价值观。

三、美术教学活动中幼儿深度学习困境与解决

（一）幼儿深度学习困境

1. 教师过于关注创作结果与技能，幼儿参与积极性不足

在美术教学活动中，一些教师过于关注幼儿的创作结果，重视幼儿绘画或手工技能的掌握情况，以致过多控制幼儿的创作与表达，造成幼儿参与积极性下降。一方面，部分教师对"示范"的认识有偏差，还在要求幼儿临摹"范画"。另一方面，部分教师仍然以"像不像"作为幼儿作品的评价标准，甚至对作品的造型与色彩进行了模式设定。这些对创作结果与技能的错误追求导致幼儿作品千人一面，且创作过程缺乏自由与乐趣。例如，在树的创意美术活动中，教师说："看看老师是怎么画的吧。我们先画一下树干，就像这样，然后再画树枝，一个树枝可以分出好多个枝丫。我们再画出树叶，树叶的上面画上叶脉就更好了。最后我们可以给树涂上自己喜欢的颜色。"最终，所有幼儿按照教师的步骤和作品样式完成了作品。幼儿在作品中表达的应是自己的所见所想，应能用自己的方式和符号来创作和表达。教师不应用成人的眼光去评价幼儿作品，而要注重对幼儿美术兴趣的培养，让幼儿在创作中感受到乐趣。

2. 教学内容缺乏与社会文化和幼儿生活的联系，幼儿的美术理解不足

一些教师在美术教学中停留于告知幼儿相关事实信息，不能联系

社会文化与幼儿生活对美术主题与形式进行深入浅出的解读和分析，导致幼儿美术理解不足，难以实现深度学习。无论是美术欣赏，还是美术创作，个体都需要联系广阔的社会与真实的个人生活体验来领悟美术的内容与形式。缺乏对创作者和创作背景的了解，我们难以体悟美术作品的内涵与情感。离开个人生活体验，我们难以在创作中"言之有物""动之以情"。例如，在某京剧脸谱绘画活动中，大部分幼儿不了解脸谱，也没有看过真正的京剧表演，即便教师向幼儿呈现了多幅脸谱图片，大部分幼儿仍难以理解其造型与色彩的意义，在绘画时难以投入，有的在玩绘画材料，有的在同他人聊天，有的在发呆。

同时，部分教师在美术教学活动中节奏过快，缺乏情感激励与多角度引导，对幼儿美术理解的支持不足。有些教师在引入主题后马上让幼儿开始创作，留给幼儿观察、想象与构思的时间不足。不少教师会为幼儿提供图片或简单的讲解，但不进行必要的情感启发和沟通，忽视了幼儿与欣赏对象的情感联结。很多教师只从单一角度引入主题，幼儿缺少多角度理解创作主题的机会，导致创作内容单薄。例如，在星空创意美术活动中，教师只是提供星空照片，引导幼儿描述星空的样子，分析星空中颜色最多的是哪个部分，接着便直接进入创作环节。教学缺少对相关作品时代背景、艺术家创作意图的分析，也没有充分调动幼儿的已有经验，降低了幼儿参与美术活动的主动性。

美术创作后的分享交流环节有助于幼儿梳理活动经验，形成新旧知识联结，加深理解。但部分教师只让幼儿在活动结束后提交作品，不重视分享交流与反思总结。例如，创意美术活动快要结束时，教师示意幼儿"请画好的小朋友，把作品交到老师这儿来，没画好的小朋友要抓紧了"。等时间一到，就组织幼儿整理好桌面，请幼儿排好队有序离开美术室了。[①]

[①] 许珂. 创意美术活动中大班幼儿学习品质的观察研究 [D]. 大理：大理大学，2021.

3. 教师给予的教育支持低效，幼儿想象力与创造力受限

首先，部分教师认为美术就是绘画，忽视了美术欣赏的重要性与手工创作的无限可能性，导致幼儿美术创作的想象力与创造力受限。美术欣赏是美术创作的前提与基础。没有通过美术欣赏获得丰富的审美意象，幼儿的美术创作就会缺乏根基。同时，美术创作不只有绘画一种形式，还包括泥工、纸工、综合材料制作等多种形式。幼儿可以根据创作意图选取不同的形式或材料。如果拘泥于一种创作形式，幼儿的美术创作就受到了制约。

其次，在幼儿想象力与创造力受限时，教师不能为幼儿的美术学习提供有效指导。影响幼儿美术创作的因素有很多，包括幼儿的认知、情绪情感、动作技能与表现策略等。教师需要快速识别和诊断，并为幼儿提供有效支持。但是，很多教师难以做到这一点。例如，在大班画《幼儿园里的趣事》时，有幼儿呆呆地看着眼前的白纸，迟迟没有动笔。[1] 教师注意到他的表现，蹲下来问他："你想画什么呀？"幼儿不吭声，避开教师的目光看向其他幼儿，不自然地转动着手中的笔帽。这时教师听到其他幼儿提问，便转身离开了。过了一会儿，教师发现幼儿还没有动笔，便问："想好了吗？老师愿意陪着你一起画。你有想画的事情吗？"幼儿低头不语，用笔帽在手背上来回画着。教师见此情形，便说："要不你再想想行吗？""行。"幼儿小声回答。又过了一会儿，教师走过来继续问："想好了吗？"幼儿缩回靠近教师那一侧的胳膊，依然摆弄着手中的笔帽，不看教师，也没有说话。教师有点无奈地看了看他说："那你再想想，加油。"之后，教师转身离开了。案例中教师仅仅看到幼儿没有参与到绘画活动中，对幼儿进行几句简单的询问后便离开，言语指导缺少针对性，无法支持幼儿进一步行动。

---

[1] 冯婉桢，李珺媛. 幼儿园绘画教学中教师个别指导的误区与建议［J］. 幼儿教育（教育科学），2018（11）：14.

（二）解决建议

1. 重视幼儿生活经验和情感体验，激发幼儿参与的主动性

教师应重视幼儿生活经验与情感体验在美术学习中的重要性，通过多种形式丰富幼儿的生活经验与情感体验，激发幼儿参与美术活动的主动性。艺术源于生活，幼儿的艺术创作和表达应当与幼儿的实际生活紧密联系。只有有了亲身体验与直接感受，幼儿的艺术创作才有"活水之源"。在日常生活或专门的美术教学中，教师应引导幼儿细致观察物体的颜色、结构等特征，运用多种感官感知和把握事物的基本形态，储存丰富的审美意象。同时，教师应选取幼儿易接触和理解的主题来开展教学活动。例如，在进行"摘苹果"绘画活动前，教师先带领幼儿去摘苹果，积累经验；教学活动开始时让幼儿回顾摘苹果的感受，描述当时的画面，对画面进行构思。

2. 拓展教学内容，丰富教学材料，支持幼儿想象和创作

教师应当挖掘和利用周边环境资源，增加幼儿欣赏艺术作品与艺术形式的机会，增进幼儿的美术理解，支持幼儿的想象与创作。同时，教师应在环境中展示多种形式的美术作品与相关材料，增加幼儿在生活中接触和理解美术形式、作品与材料的机会。传统幼儿园美术教育主要采取单向灌输、外在给予、直接告诉、机械训练等方式，幼儿在美术活动中亦步亦趋，没有主动探索与发现的机会，因此不利于幼儿想象力、创造力乃至人格的健全发展。[①] 当今幼儿园美术教育应注重给幼儿主动学习的机会，支持幼儿在自主探索中建构、习得。在接触各种艺术手段和材料的过程中，幼儿探索感受颜色、材质、运动方式以及空间构图蕴含的美感，并获得感官体验。他们学会仔细观察，辨别细微差别，有目的地操作材料，通过自己的体验在感官探索游戏中获

---

① 佩洛. 艺术语言：以探究为基础的幼儿园美术活动［M］. 于开莲，译. 北京：教育科学出版社，2011：1.

得乐趣。①

3. 启发幼儿思考，培养幼儿解决问题的能力

在教学活动中，教师要观察幼儿的活动，倾听幼儿的对话，在观察和倾听的基础上理解幼儿的需要及其表达的意义，为幼儿提供及时支持。面对幼儿的各种想法与创意，教师应多给予信任与接纳。教师可以提出问题，引导和拓展幼儿思考，而非直接告诉幼儿如何做。同时，教师要克制自身对创作结果的预设，给予幼儿充分协商、辩论的机会，倾听、理解幼儿的想法，以此成就幼儿深层次的学习。例如，在美术活动"可爱的小鸡"中，涛涛很得意地把小鸡的脚画在了小鸡的身体上，其他的小朋友都说："他画错了。"于是教师追问："那你们说说看，他错在哪里了？"涵涵说："哪有小鸡的脚是长在身体上面的？"乐乐说："小鸡的脚长到身体上面去，它怎么走啊？难道小鸡要飞吗？"这时孩子们大笑起来。接着，教师又一次追问："你们说得也有道理，那么小鸡除了站着，还有其他动作吗？"有的说可以趴着，有的说可以蹲着，还有一个小朋友说可以躺着。于是教师抓住"躺着"这一答案继续发问："躺着的小鸡脚是在哪里呢？""朝上的。"孩子们不约而同地回答。在教师一次又一次的追问下，涛涛灵机一动把小鸡的眼睛画成"闭上"的，这幅画就成了"睡觉的小鸡"。②

---

① 佩洛. 艺术语言：以探究为基础的幼儿园美术活动 [M]. 于开莲，译. 北京：教育科学出版社，2011：1.

② 王琼. 启、变、夸、推：幼儿美术活动中的"四字"指导策略 [J]. 早期教育（美术教育），2020（3）：10—11.

案例

一起"颜"究吧①

中三班幼儿对颜色产生了浓厚的兴趣，在科学区、美术区游戏中都能找到颜色的秘密，幼儿园便结合幼儿的兴趣点顺势展开了"颜"究之路。幼儿初步观察颜色、颜料后，提出问题："颜料有各种各样的，太漂亮啦！""我们能在教室里用别的方法玩颜料吗？""为什么在保鲜膜上画画，颜料不会全部流下来？""颜料混在一起会怎么样？"

基于以上问题，教师设计了第一个活动"颜色小调查"，幼儿积极寻找身边的颜色，如彩虹色的雨伞、蓝色的水桶、绿色的轮胎、粉色的水壶等。

随后，教师设计第二个活动"颜色变变变"，引导幼儿探究颜色的变化。"蓝色和黄色在一起会变成绿色，我在电视上看到过。""那红色和黄色在一起，会变成什么颜色呢？"孩子们纷纷将自己的想法和假设画了下来，接着便开始了实验之旅。绿色加黄色变成……，幼儿边说边做。实验过后，幼儿发现红黄蓝是三原色，可以混合出其他颜色。"红色加黄色变成了我喜欢的橙色！""红色加蓝色变成了好看的紫色呢！"在幼儿动手操作后，教师又引导幼儿将观察到的事实画下来。

教师设计第三个活动"玩颜色"，如"制作创意纸杯画""走进波洛克""扎染""绘画彩虹伞""吹吸管画"等。

---

① 案例来自中国教育报学前周刊课程故事《一起"颜"究吧》。

教师设计第四个活动"讨论颜色会",幼儿根据已有经验,与教师共同讨论生活中的各种颜色及其意义。"垃圾桶是有颜色的,不同颜色的垃圾桶投放的垃圾也是不同的,我们根据颜色来区分垃圾,做到垃圾分类,保护环境!""消防员叔叔的衣服是橙色的,因为要在危险情况中容易被发现,让被困的人看到。""医生的衣服是白色的,这样看病的人看到后就会觉得很心安。"

第四章

深度学习取向下主题教学活动的设计与实施

"主题教学是一种通过跨学科领域的主题探究与学习来发挥学生的主体建构性,从而实现学生全面发展的教学形式。"[①] 根据学科统整程度不同,主题教学可以分为单学科主题教学、多学科主题教学与跨学科主题教学三种基本类型。

第一节 主题教学活动中幼儿深度学习的困境与破解

主题教学具有中心突出、内容综合、实施连续的特点,能够为幼儿创造系统、综合、深入学习的可能。首先,主题教学围绕特定主题展开,为幼儿持续专注地围绕主题进行深度学习提供了可能。其次,主题教学综合了多个领域的内容,为幼儿多角度理解、批判、反思学习内容提供了可能。最后,主题教学围绕主题进行连续多次的教与学活动,为幼儿建构自身经验体系,以及迁移应用所学内容提供了可能。然而,在实际的幼儿园主题教学活动中,幼儿深度学习的潜能并未得到充分实现。

一、主题教学活动中幼儿深度学习的困境

(一)活动主题选择不当,幼儿学习主动性不足

主题选择影响着幼儿深度学习的可能。当前很多幼儿园主题教学活动在选择主题上存在主体立场偏差,使得幼儿学习主动性不足。

首先,部分活动所选主题是教师要教的主题,而非幼儿想学的主题,不能充分调动幼儿的学习主动性。很多教师在预设主题时没有充分考虑幼儿的兴趣和已有经验。幼儿在主题教学中被动完成教师提出

---

① 李祖祥. 主题教学:内涵、策略与实践反思 [J]. 中国教育学刊, 2012 (9): 52.

的各项任务，不能积极投入，学习较多处于浅表状态。

其次，不少活动所选主题来自个别幼儿的兴趣，未能引发所有幼儿的有意义学习。主题教学的主题既可以来自教师的预设，也可以追随幼儿兴趣生成，但教师需要将个别幼儿的兴趣和关注点转化为有意义的任务或问题，驱动所有参与幼儿的学习。很多教师在主题教学中缺少这一转换，直接顺着个别幼儿的关注点推进主题教学，部分幼儿在学习过程中不能领悟学习的意义。

（二）活动内容单薄且缺乏组织，幼儿学习经验缺乏连续性与联系性

一些主题活动内容单薄，组织线索不清晰，缺乏多维度的延展与纵向的深度推进。很多教师在主题教学中更关注每次教学活动内容的完整性，较少关注多次活动中学习内容的联系。很多教师在组织主题教学内容时存在"拼盘"现象，强调每一个具体活动与主题的关系，对各个活动之间的联系考虑不足导致主题教学中多次活动之间的跳跃性较大，联系不够自然流畅。这与教师对主题相关知识认识不全面、不清晰有关，也与教师团队在主题教学设计过程中准备不足有关。单薄的主题活动内容使幼儿在学习过程中缺乏深度探索空间，以及通过多角度批判反思进行深度学习的机会。缺乏组织和有机联系的主题教学内容导致幼儿的经验也难以组合建构。教师对主题内容认识不清决定了教师在幼儿学习过程中难以捕捉到幼儿的经验增长点，不能为其提供及时有效的指导。这些最终导致幼儿在主题教学中获得的经验有限、模糊，且缺乏纵向连续性与横向联系性，不利于幼儿经验的整体建构。

（三）活动材料与时间有限，幼儿缺少操作与交流机会

幼儿深度学习需要持续探究的时间，以及丰富多样的操作与交流机会。幼儿需要在与材料和人的互动中建构新经验，在真实的环境中

迁移和运用经验，发现和解决问题，并在此过程中发展和运用高阶思维，实现深度学习。幼儿在学习过程中离不开三重互动，包括师幼互动、同伴互动，以及与材料的互动。教师不仅应该给予幼儿与人和材料互动的时间，还应该通过有层次的、有支持性的操作任务与交流主题来促进幼儿的深度学习。

然而，在很多主题教学活动中，幼儿学习时间不够充分，材料不够充足，与同伴、教师或其他社会成员交流的机会有限。这影响了幼儿的深度学习。在学习时间没有保障的情况下，幼儿缺乏反复探究的机会，在无法短时间内解决困难的情况下容易受挫或放弃。或者，在幼儿沉浸于学习时，教师打断幼儿，破坏幼儿学习的连续性，使幼儿的学习热情也受到影响。同时，很多教师在主题教学过程中仍处于高控制低支持状态。教师虽然提供了活动相关材料和同伴交流机会，但在如何基于材料设计有针对性的任务、引导幼儿逐步深入学习方面表现不佳，也对如何通过有主题的同伴交流拓展和丰富幼儿学习经验感到困难。一些幼儿在操作材料过程中遇到困难或感到过于简单时会放弃活动，一些幼儿在得不到回应或没有表达机会时会离开学习场域。

（四）活动评价模糊，幼儿高阶思维的形成与运用得不到关注

目前，很多幼儿园缺少对主题教学活动的评价，教师对幼儿在主题教学中的学习过程与学习结果的认识是模糊的，尤其不关注幼儿高阶思维的形成与运用。教学评价不仅是对教师教什么和如何教的评价，还包括对幼儿如何学和学得怎么样的评价。主题教学活动是一个长时间的连续过程。在缺乏评价的情况下，教师的主题教学很容易流于形式，常满足于"做了什么"，对幼儿的学习过程与结果关注不足，更难以关注幼儿深度学习发生与否以及需要怎样的支持。高阶思维的形成与运用是深度学习的核心，是内隐于学习行动中的思维过程。很多教师缺乏认识和判断幼儿高阶思维的能力，更别说为其提供支持。

二、困境破解：三层地图模式的构建与探索

为发挥主题教学在促进幼儿深度学习方面的优势，我们提出基于三层地图的绘制和运用来设计与实施主题教学活动，其中包括人类的知识地图、教师的教学地图与幼儿的学习地图三层地图。三层地图分别采用可视化的方式来呈现人类客观知识、教师的教学设计、幼儿的学习状态与学习进程，三者之间的关系见图4-1。

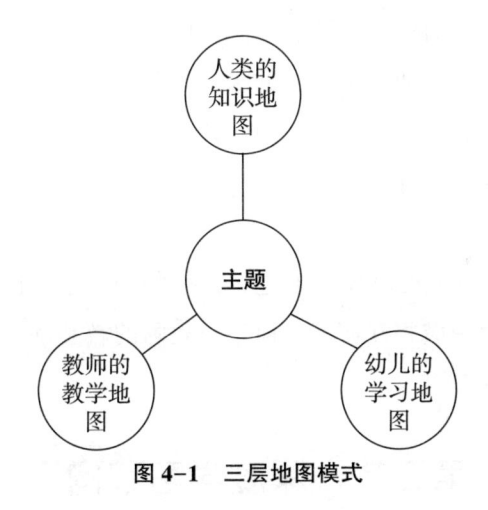

图 4-1　三层地图模式

知识地图概念最早由布鲁克斯（B. C. Brooks）提出，认为人类的知识结构可以绘制成各个单元概念为节点的学科认识图，即知识地图。现在很多人将知识地图视为一种知识管理工具，"帮助用户知道在什么地方能够找到知识"[1]。目前人们经常使用概念地图或概念图进行知识管理。主题教学活动中的主题是人类知识地图中的一个节点。在设计主题教学时，教师应围绕主题梳理相关知识地图，将其作为主题教学内容的来源与组织依据，以及分析幼儿学习进程与需要的参考。

教学地图概念与课程地图概念相近。"课程地图是指教师将其课堂

---

[1] 李亮. 知识地图：知识管理的有效工具 [J]. 情报理论与实践，2005（3）：233.

的实际教学活动,如授课内容以及所花费的时间、教学材料、课程的目标技能、教学场所、评估手段等,用图表等视觉形式进行系统描述。"[1] 教学地图是用可视化方式呈现教学的内容、过程、资源等要素及其组合方式。教学地图是教师进行主题教学的指引。教师在主题教学设计时应考虑学习者的可接受程度与应接受范围对人类知识进行选择,并将人类知识转化为幼儿可参与的活动,并将其可视化。

学习认知地图是一种在知识层面上可视化仿真学习者的认知状态与知识结构,能够为学习者提供适应性学习路径和学习同伴的开放学习者模型。[2] 学习者的学习地图既是学习指引,也是学习记录与评价载体。学习地图应在教师教学地图的指导下具备学习指引的框架与必要提示,也要具有足够的开放性,为幼儿设计和记录不同的学习过程与个性化的学习结果留有空间。

教学地图与学习地图建立在人类知识地图的基础上,都具有开放性。如同教师和幼儿是教学的双主体,教师的教学地图与幼儿的学习地图在使用过程中应相互调适。而且,教师的教和幼儿的学都有可能为人类创造新的知识。

第二节 深度学习取向下主题教学活动的设计

主题教学活动要预先设计,完成三层地图的绘制,为幼儿学习做好准备。这一过程需要依次完成三个方面的工作,包括选定主题,围绕主题梳理知识地图;制定教学地图,组织教学内容,规划教学过程;做好学习地图绘制计划,确定如何评价与检验幼儿的深度学习状况。

---

[1] 柯晓玲. 国外高校课程地图探析 [J]. 高教探索, 2012 (1): 59.
[2] 万海鹏, 余胜泉, 王琦, 等. 基于学习认知地图的开放学习者模型研究 [J]. 现代教育技术, 2021 (4): 97-104.

一、选择主题，梳理形成知识地图

为促进幼儿的深度学习，主题教学活动应选择适宜的主题。同时，教师应围绕主题梳理形成知识地图，为制订主题教学计划做准备。

首先，主题应具有一定的开放性。主题可以是一个概念、事件、任务或问题。所选择的概念最好是大概念，且指向幼儿生活中常见的事物或现象。事件最好是幼儿在生活中经历或体验过的事件。如果从任务或问题出发来设计主题教学活动，任务或问题也应该具有生活应用价值。过小的概念、只具有个人价值的事件、缺乏生活应用价值的任务或问题很难促成幼儿的深度学习。例如，有教师围绕"幼儿园里哪棵柿子树最粗"设计主题活动。幼儿围绕该问题尝试了不同的测量方法，在幼儿园有限的几棵柿子树中很快得出了结论，活动也就结束了。至此，这个问题的解决并不具有实际的应用价值。如果教师将主题改为"多种测量粗细的方法""树为什么粗细不同"或"树的作用"，其内容则会更广，更具有发展价值，且与生活联系更加紧密。陈鹤琴先生曾经说过，大自然、大社会都是活教材。"什么四季鲜艳夺目的花草树木，什么光怪陆离的虫鱼禽兽，什么变化莫测的风霜雨雪，什么奇妙伟大的日月星辰，都是儿童知识的宝库。大社会也是儿童的世界，家庭怎样组织的，乡镇怎样自治的，社会上的风俗习惯怎样形成的，国家怎样富强的，世界怎样进化的，这一切社会的实际问题，都是儿童的活教材。"[1]

其次，选到合适的主题后，教师应对主题有深入的研究，围绕主题梳理出知识地图。教师自己或团队可以通过头脑风暴，从主题出发寻找所有可能的学习内容，再整理出不同内容之间的关系，将其用图

---

[1] 陈鹤琴. 陈鹤琴教育思想读本：活教育 [M]. 南京：南京师范大学出版社，2012：18.

的方式表示出来。这需要教师储备丰富的通识性知识,且能够跨领域联系多方面的知识。

二、组织教学内容,设计教学过程,制定教学地图

知识地图并不能直接作为教学内容,需要教师完成从知识地图向教学地图的转化。"如果课程的设计目标只是展示对主题的理解,那么这种课程设计在引导学生行为表现上并没有多大的益处,对基于核心概念的综合实践活动课程单元的探索,旨在将学习的过程不断引向更深、更严密、更富有意义的方向。"[1]

第一,教师应从知识地图中选择有价值的且适宜幼儿学习的教学内容。主题教学活动的容量是有限的,幼儿的学习时间也是有限的。教师一定要精选活动内容。首先,主题活动内容一方面应该考虑社会传承与发展的需要,另一方面应考虑幼儿个体发展的需要和兴趣;一方面体现当前现实的社会价值与个体价值,另一方面体现未来的可持续发展价值。其次,幼儿各方面发展水平有限,有价值的活动内容未必是幼儿可以理解和掌握的,有必要根据幼儿的发展水平和年龄特点来选择发展适宜的学习内容。最后,教师要将学科视角、儿童视角和社会视角融合起来,实现活动内容价值的最大化,并在活动内容中搭建幼儿与社会沟通的桥梁。例如,按照题材分类,中国画包括人物画、山水画和花鸟画。而在众多的人物画作品中,选择什么样的作品来给幼儿鉴赏呢?有教师选择当代画家史国良的《上学图》给幼儿鉴赏。首先,画作展现了儿童上学前母亲蹲下来为其整理衣服的一幕,是幼儿熟悉的生活场景,且能够增强幼儿对母爱的感受。其次,画作展现了少数民族儿童准备骑马上学的场景和向往上学的迫切心情,能够激

---

[1] 潘瑶珍. 迈向深度学习:基于核心概念的综合实践活动课程单元 [J]. 全球教育展望,2009(5):15.

发幼儿的共鸣，并引发幼儿对其他地区儿童上学交通方式及其所处地理环境的好奇。这样的作品选择同时考虑到了学科、儿童和社会三个视角的要求，兼有审美价值、儿童趣味和多方面的教育功能。

第二，教师将选择后的内容组织成具体丰富、结构清晰的教学内容体系，并将其转化为幼儿可参与的系列活动，制定教学地图。首先，教师应根据所选内容之间的逻辑关系和难度差异梳理形成组织关系，形成一套有序的主题教学内容体系，使其逻辑合理，逐渐深入。其次，教师应考虑幼儿通过活动学习的需要，将每个内容转化为幼儿可参与的活动，并根据活动组织环境与条件要求对活动进行调整或组合，形成一系列有序的活动。最后，教师用可视化的方式呈现内容体系与活动序列，作为教师教学过程指引。

从知识地图到教学地图的转化对于主题教学能否促进幼儿深度学习十分重要。教师选择和组织的活动内容越丰富，幼儿可学习的空间会越广阔；教师对所选内容的理解越深刻，将其转化为幼儿可参与的活动越彻底，教师在活动过程中对幼儿兴趣和需要的识别与回应就越敏锐，也能更灵活地在主题教学过程中生成新的活动，调整活动计划。教学地图是教师预设的活动计划，在实际教学过程中，教师还要根据幼儿的兴趣和表现动态调整或生成新的活动内容与形式。教师预设的主题活动计划不是教师活动实施的执行表，而是教师与幼儿联合进行主题教学活动的脚本。幼儿在主题学习过程中有了新的兴趣，教师可以增加新内容；幼儿不感兴趣或已经掌握的内容可以省去；活动顺序也可根据幼儿的学习进程需要灵活调整。

三、做好学习地图绘制计划，将学习与评价融为一体

幼儿是学习地图的绘制主体，每个幼儿的学习地图都是不同的。学习地图应帮助幼儿形成对整体主题学习安排的认识与了解。教师在主题教学设计中应提出学习地图绘制计划，包括其内容要点与可采用

的形式,为幼儿提供绘制建议。

　　学习地图不仅可以用作幼儿学习指引,还可以根据幼儿完成任务的情况和记录情况进行学习评价,将学习与评价融为一体。从内容来看,学习地图应该包括两类内容,一是学习指引,二是学习记录。学习指引是对幼儿学习活动的建议。对应教师在教学地图中设计的教学活动,学习地图应说明幼儿作为学习者应进行哪些操作任务和记录任务。教师要考虑幼儿的学习特点,以及活动内容之间的联系,设计具有综合性和游戏性的活动,有序引领幼儿学习。同时,学习地图应为幼儿自主制订学习计划和开展学习活动留下空间,并给出相应的选择建议和记录建议。在具体形式上,学习地图可以采用"专家骨架概念图"(提供基本的概念框架和线索,请学生加以补充和完善)和"概念停车场"(提供一些概念,请学生自己梳理关系)等形式。[1] 陈鹤琴先生也曾指出"活教育"教学的过程,可以分作四个步骤:一是实验,二是参考,三是发表,四是检讨。每一个小朋友都应当有一本他自己的工作簿,在工作簿上编他自己的教材。譬如一个小孩子,他研究一只活的青蛙,这种研究和观察的工作就是第一个步骤"实验"。但是这种实验是不够的,他还需要更多的参考书,什么关于青蛙生活的科学小品呀、故事呀、儿歌呀,他要这一类的书,这是他在做他的"参考"工作,也就是教学过程的第二个步骤。他在参考了这些书之后,可以写一篇关于青蛙生活的报告,编一个木偶戏、故事、童话,或者是演一幕自编自导的关于青蛙的小小戏本,这就是教学过程的第三个步骤。在这一步骤之后,老师就和小朋友一起检讨这一个学习过程,这就是第四个步骤了。[2]

---

[1] 刘徽,徐玲玲,蔡小瑛,等.概念地图:以大概念促进深度学习[J].教育发展研究,2021(24):53-63.
[2] 陈鹤琴.陈鹤琴教育思想读本:活教育[M].南京:南京师范大学出版社,2012:81-82.

第三节　深度学习取向下
主题教学活动的实施

深度学习取向下主题教学活动的实施应坚持以幼儿为主体的基本原则，强调幼儿对学习目标与内容的理解，对同伴、材料和任务的选择，对学习方法、进程的决策，对学习过程与结果的评价，以及基于评价的新一轮学习目标的制定。教师对主题教学活动实施路径和实施策略的选择应贴合幼儿学习的需要。

一、实施路径

根据幼儿深度学习的需要，幼儿园主题教学活动可按照以下路径实施。

（一）发现与提问

幼儿深度学习的开始是发现主题，并产生进一步探究的问题，形成学习的内在动机。教师可以通过创设情境与提问的方式开启主题教学活动，激发幼儿的主动学习。教师提出的问题可以是教师围绕主题预设的问题，也可以是对幼儿提出的问题的再组织与扩大化。个别幼儿在生活或游戏中提出的问题是开启主题教学的重要依据。教师可以对幼儿的问题进行再组织，澄清幼儿所关注的焦点，并用更加明晰的语言进行表达，提取其中对幼儿接下来的学习具有重要影响的关键问题，并将个别幼儿关注的问题扩大为更多幼儿共同关心的问题。

（二）欣赏与分析

幼儿在深度学习的过程中不断获得新经验。教师可以采用演示、讲解、参观、观赏等方式为幼儿展示主题相关内容，并通过讨论引导幼儿分析和理解相关内容。

（三）创作（操作）与交流

在欣赏与分析之后，幼儿应有创作（操作）与交流的机会，在此过程中联系自身的新旧经验，实现经验的重组与建构。教师可以为幼儿设计具有引导和支持作用的多类型、多层次创作或操作任务，并给出具体的交流主题和交流记录方式。应注意，教师要准确判断幼儿的已有经验水平和学习兴趣，通过适宜和有效的任务与交流来引导幼儿学习。同时，交流不只是教师与幼儿之间的单线交流（见图4-2），还包括教师与幼儿之间的多向交流（见图4-3）。

图 4-2　教师与幼儿之间的单线交流　　图 4-3　教师与幼儿之间的多向交流

案例分析

在主题教学活动"种子"中，一个幼儿在尝试用棍子给绿植搭架子，帮助长高的植物立起来。但是幼儿选择的棍子过短。他把棍子一端插入泥土后，另一端绑住植物茎部的上端，结果整个植物反倒比之前更弯了。教师看到后，直接动手拆除幼儿绑的绳子，并将绳子固定在了植物的中部，向幼儿介绍："你看，这叫支架，可以帮助小苗立起来。"幼儿听到这里，没有任何回应，快速走开了。

> 从这个案例来看，教师在发现幼儿的操作问题后，并没有分析幼儿操作行为背后的逻辑，直接以自己的方式替代了幼儿的操作，与幼儿的交流也没有得到幼儿的响应。幼儿试图从植物顶端来给支架，且已经理解了支架的意义，需要的是通过比较和测量选择高度适合的棍子来给植物支持。教师的操作是根据棍子的高度来确定捆绑位置，给幼儿讲解的是支架的含义。显然，教师对幼儿操作行为的认识，以及对幼儿认知水平的判断是不准确的。教师并没有真正捕捉到幼儿的关注点和经验增长的需求点。教师应基于幼儿的思考方向来顺势给幼儿需要的支持，并进一步引导幼儿多角度思考和解决问题，提高幼儿的问题解决能力。

（四）应用与拓展

在幼儿操作与交流的过程中，幼儿应拥有应用新经验进行创新的机会，以及在此过程中进一步拓展经验开启新学习的机会。教师可以引导幼儿链接现实生活和社会发展，提出新的任务或问题，进一步萌发学习或操作的动机。

二、实施策略

主题教学的实施策略可以分为教的策略和学的策略。教的策略要根据学的策略来选定。在主题教学中，幼儿依次完成计划、实施、反思这样的学习过程。从顺序来看，教的策略在学的策略之前或之后皆可。在幼儿学习之前，教师通过创设情境、制定任务或提出问题来先行组织，激发或引领幼儿的学习；在幼儿学习之中，教师推进任务要求或问题难度来助推学习。

（一）创设情境，激发学习兴趣

创设具有社会价值和探索空间的情境，为幼儿进行深度学习提供空间。同时，情境不只是提供材料和呈现场景，而是要让幼儿参与其中，获得直观感受或亲身体验的机会，感受到材料、场景的意义。例如，在"放风筝"主题活动中，不同的教师采用了不同的策略，在激发幼儿学习兴趣方面的效果明显不同。一位教师在室内教学活动开始时呈现风筝，展示材料供幼儿观看，接着请幼儿制作风筝，大多数幼儿平静地接受了教师的任务；另一位教师组织幼儿到社区广场观看人们放风筝，并尝试放风筝，接着组织幼儿制作风筝，为放自己做的风筝做准备。第二位教师将对社会活动的观赏与体验相结合，使大多数幼儿产生了较高的热情，能积极主动地设计自己个性化的风筝。

（二）任务助推，促进经验建构

教师可以为幼儿设计不同类型、不同层次的任务，来支持幼儿多角度探索和持续学习，在扩展幼儿经验的同时促进幼儿的知识建构。幼儿可以通过参观、观赏、听讲解等方式获得新经验，但是在带有任务的活动中幼儿会更主动地吸收新经验，并更快速地实现新旧经验联结和整个经验体系的重组。例如，在阅读绘本故事时，一种方式是幼儿不带任务来听教师完整讲故事，另一种方式是教师在讲故事前先告知幼儿听完故事后给手中的图片排序，呈现整个故事情节。两种不同方式下，幼儿听完故事后对故事的理解程度是不同的。在第二种方式下，幼儿对故事情节的认识更清晰，对故事主题的理解更深入。

教师对任务的设计要指向学习目标，并给予幼儿自主探索和连续学习的可能。幼儿在任务中要能够自主决定任务难度、类型，自主选择同伴、材料。例如，在"青花瓷"主题活动中，教师开展活动"花瓶里的花"，请幼儿在粘贴了青花瓷瓶的纸张空白处添加花朵，表现花瓶里插了花的场景。教师希望幼儿能够将花瓶里的花和花瓶联系起来进行构图和造型设计，但是教师提供的纸张上都已经粘贴好了花瓶，且花瓶占比过大，留给幼儿添加花朵的空间有限。于是，不少幼儿只在花瓶中添加了一朵花。这样的任务设计没有给幼儿自主创作的空间，不能够支持整体构图和造型目标的实现。教师应该为幼儿提供多种不同大小和形状的青花瓷瓶、不同宽幅和质地的衬纸、不同的花卉制作或绘画材料，供幼儿自主选择和使用，这样才能给幼儿机会兼顾到花瓶和花卉的构图与造型。

（三）搭建支架，引导幼儿深入学习

教师应关注和观察幼儿在主题教学中的学习过程，为幼儿的学习及时搭建支架，引导幼儿深入学习。学习支架可以是教师的提问、教师或同伴的示范、一个新任务、某种环境或材料，以及同伴之间的交流等。一方面，教师可以在幼儿遇到困难或问题时，识别幼儿的问题所在或不足之处，通过支架帮助幼儿发现自己的问题或克服困难，使学习可以顺利进行下去。

另一方面，教师可以通过搭建支架，引发幼儿对学习内容深层次的思考或新角度的探索，拓展幼儿的经验。例如，在幼儿尝试放风筝时，教师发现有幼儿自发测试风向，便顺势提出"应该迎着风放风筝，还是逆着风放风筝呢"，引导幼儿对测试结果进行进一步的思考和应用。再例如，在幼儿已经完成操作任务的情况下，教师请幼儿做小老师，对自身经验进行反思与整理，跟同伴分享。同时，教师请小老师观察指导其他同伴的操作，小老师在与同伴的分享与交流中实现了经验的应用。

（四）绘制学习地图，提升幼儿的自主学习能力

幼儿使用学习地图记录学习计划、学习过程与学习结果，提升自主学习能力，并基于学习地图与教师和同伴进行深度交流。现在很多幼儿园在主题活动中创设主题墙，记录集体的活动进程与结果。相比

主题墙，学习地图可以有集体、小组或个人多种形式，并且具有更多的开放空间。教师要为幼儿提供绘制学习地图的时间和机会，并为幼儿如何绘制学习地图提供引导。教师可以在学习地图中给出必要的任务提示或记录方式示范，为幼儿有组织、有顺序地记录提供基础。教师可与幼儿约定学习地图常用表征形式和符号，便于大家都能够理解学习地图内容并进行交流。例如，幼儿在尝试放风筝后，开始在学习地图上梳理影响风筝放飞的因素。首先，教师提前给幼儿一个表格，一列显示影响因素，另一列用于记录影响结果。其次，教师给幼儿展示天气预报中常用的天气符号，教幼儿使用社会已经约定的符号来记录和表达。另外，教师准备了一些自绘或打印的图片给幼儿作为图例选用。幼儿可以直接选用这些天气符号和图例来记录，减少了表征难度。在每个幼儿绘制自己的学习地图后，教师还组织小组展示和分享学习地图，并鼓励幼儿在同伴交流的基础上再优化和补充自己的学习地图，实现学习经验的再扩展。

案 例

主题教学活动"蜗牛的家"

惊蛰节气过后，各种小动物纷纷出来活动，蜗牛也伸出触角，引起了班级小朋友的注意。他们将一只蜗牛带回教室，放在了玻璃瓶里。有一天，孩子们看到瓶里有黑乎乎的东西，讨论道："这是蜗牛拉的屎吗？""蜗牛吃东西吗？要喝水吗？""蜗牛现在住的地方好脏啊！""蜗牛住在放大瓶里，舒服吗？""不然我们给它搭建一个新家吧。"我捕捉到孩子们对蜗牛生活习惯和生存环境的兴趣，以及他们给蜗牛建造一个舒服的家的愿望，由此确立了活动主题——"蜗牛的家"。我进一步确立了主题教学活动的目标为：

"蜗牛的家"主题活动教学地图

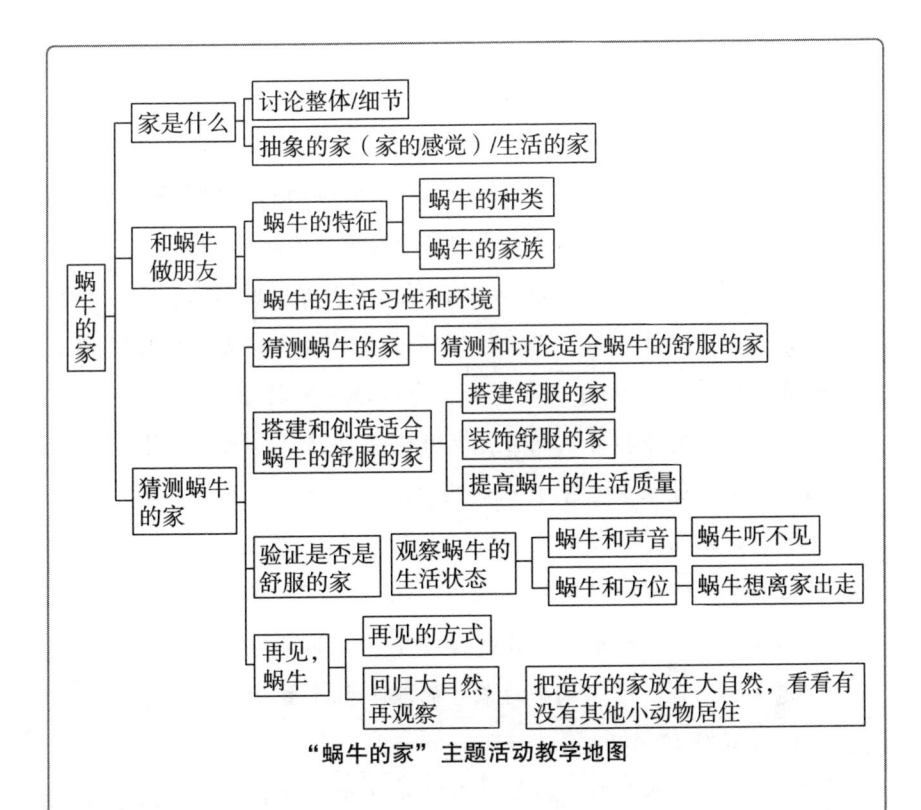

```
蜗牛的家
├── 家是什么
│   ├── 讨论整体/细节
│   └── 抽象的家（家的感觉）/生活的家
├── 和蜗牛做朋友
│   ├── 蜗牛的特征
│   │   ├── 蜗牛的种类
│   │   └── 蜗牛的家族
│   └── 蜗牛的生活习性和环境
├── 猜测蜗牛的家
│   ├── 猜测蜗牛的家 —— 猜测和讨论适合蜗牛的舒服的家
│   ├── 搭建和创造适合蜗牛的舒服的家
│   │   ├── 搭建舒服的家
│   │   ├── 装饰舒服的家
│   │   └── 提高蜗牛的生活质量
│   └── 验证是否是舒服的家 —— 观察蜗牛的生活状态
│       ├── 蜗牛和声音 —— 蜗牛听不见
│       └── 蜗牛和方位 —— 蜗牛想离家出走
└── 再见，蜗牛
    ├── 再见的方式
    └── 回归大自然，再观察 —— 把造好的家放在大自然，看看有没有其他小动物居住
```

幼儿能够对家感兴趣，能仔细观察发现家的共同点，根据观察的结果大胆想象和猜测蜗牛的家；了解蜗牛的生活习性，帮助蜗牛打造舒服的家，并在此过程中增强爱心和责任感。

（一）创设多元环境和材料，激发好奇与探索

我对班级环境进行了一系列设计，投放了贴合孩子们生活经验且方便幼儿操作的材料，并且提供了有梯度的和个性化的材料。根据活动进程，我和孩子们创设了主题墙，以便及时回顾和反思。同时，我在区域投放了与主题相关的材料。例如，在图书区投放了关于家、蜗牛的绘本：《建造我的家》《我爱我家》《蜗牛的日记》《美丽的螺旋》；在益智区投放了房子配对材料、观察瓶、放大镜等材料；在建构区为幼儿提供了更多可以搭建的不同类型、

大小的积木，并提供了不同的家的搭建图示；在美工区丰富了可供创作的材料，如空蜗牛壳、扭扭棒等；在表演区提供了多种可以扮演的材料，如做饭工具、表演衣服，鼓励幼儿多种样化表达。环境的刺激使得幼儿对蜗牛和家的兴趣越来越浓厚。

（二）围绕主题设计系列活动，促进新旧经验的联系

我根据目标设计了可以持续探究的系列活动，使幼儿的经验能够连续发展。活动内容覆盖了多个领域，包括语言、社会性、探究、创造、情绪和自主能力，实施形式包括集体活动和小组区域活动，活动过程中包含了三重互动：师幼互动、幼幼互动、幼儿和材料的互动。保证幼儿拥有充足的探索时间，是主题活动进行的必要条件。在活动实施过程中，课程也在不断生成中，孩子们在不断地观察、猜想和充分的讨论中，增加了对家和蜗牛的理解，建立起了自己对"蜗牛的家"的理解和看法。

1. 家是什么？

围绕着家，我与孩子一起了解了生活中具象的家和抽象意义上的家，分别从整体和细节切入描述自己的家。在整体层面，孩子们表示："家有很多房间。""家里有很多玩具，还有好吃的。"

"家里有宠物""家是爸爸妈妈的爱。""家是高楼大厦。""家是巧克力，家里有很多巧克力，甜甜的。"接着，我组织孩子们分享了自己最喜欢在家里的哪个地方，来帮助幼儿了解更具体的信息，如："我喜欢我家的客厅，因为里面有滑滑梯。""我总是在我的玩具房玩。""我喜欢家里的沙发，我在上面睡觉。""我喜欢我的房间，因为里面有好多奥特曼卡片。"

接着，我们通过活动"探究家园：帮迷路的小动物们找家"来认识动物的家。在游戏中，幼儿发现小动物的家是洞、蜂窝、鸟巢、珊瑚礁等，扩展了幼儿对家的认知。

2. 和蜗牛做朋友

要帮助蜗牛建造舒服的家，需要了解蜗牛的生活习性，于是我和孩子们一起观察蜗牛，发现"蜗牛有四个触角，长长的触角上面是它的眼睛""蜗牛有壳，它背着它的壳房子慢慢爬""蜗牛还有嘴巴，它的嘴巴长在触角中间"等。

我们还了解了不同的蜗牛，如身体雪白的白玉蜗牛、比手还大的蜗牛、彩虹贝壳的蜗牛等。我们发现教室里的蜗牛是普通的亚洲蜗牛，孩子们热情地给它取了名字"小彩虹"。

此外，我们互相交流了自己都在哪里看到过蜗牛，和孩子们一起倒推出了蜗牛的习性，"蜗牛不喜欢太阳""蜗牛喜欢湿的""蜗牛喜欢下雨"，并通过视频资料证实了我们的推测，了解了蜗牛喜欢生活在阴暗、潮湿、多腐质的地方，但也不喜欢太多水。因为蜗牛被淹在水里不能呼吸，会在下雨的时候出来透气。

3. 猜测蜗牛的家

在不断增进对家和蜗牛了解的过程中，孩子们惊喜地发现教室里的小蜗牛"小彩虹"生宝宝了！看到养蜗牛的玻璃器皿，孩子们纷纷表示："里面好脏，还有它拉的屎屎。""它生了好多宝宝，要给它换一个大房子。""它生完宝宝要睡在舒服的床上。""要给它们一家人准备很多好吃的。"

出于对蜗牛生存环境的担忧，孩子们决定赶紧为蜗牛和宝宝换一个新家。基于前面铺垫的经验和知识，孩子们开始设想蜗牛会喜欢什么样的房子，如："需要一个大房子，要有厕所，它老拉。""要一个花园，蜗牛可以散步和跳舞。""来个游泳池吧，还可以跳水。""要有玩具。""要漂亮的家。""要有朋友和家人，蜗牛才开心。"

（三）把握出手与放手，促进建构和合作

教师应更多关注幼儿的探究过程，减少对正确答案的期待，支持幼儿的学习与思考，并在活动过程中做好观察者和引导者，做到"该出手时出手，该放手时放手"。在幼儿需要帮助时，教师需先认真观察，判断"出手"还是"放手"；如果该出手，教师应及时引导和支持幼儿自主探究、同伴合作来解决问题；如果该放手，教师应相信幼儿的学习能力，及时放手，给幼儿独立思考和探究的机会。在搭建蜗牛新家的过程中，孩子们迁移应用已有的知识经验，并和同伴、老师合作。

1. 搭建蜗牛的家

基于对蜗牛习性的了解，我和孩子们一起讨论和设计了蜗牛"小彩虹"的新家，组织孩子们设计自己想要搭建的蜗牛的家。接着，我组织孩子们将大家设计的图纸汇总、整理，讨论后再次设计完整的图纸。新家有可以散步和欣赏美丽风景的后花园、快乐玩耍的大金球宝宝房、拥有自动装置的卧室以及多功能客厅和洗手间。

设计好后，我组织孩子们使用积木合作搭建蜗牛的新家。孩子们在合作搭建的过程中萌发了更多的想法，例如给蜗牛设计了跳水台，但是蜗牛怕水，所以下面搭建了救生圈。在基本的房间框架搭建起来后，孩子们发现搭建的新家对于小朋友来说很舒服，但是对于蜗牛来说太大了，它从房间去洗手间可能需要"一个月"的时间。孩子们决定给蜗牛搭建一个合适的家。孩子们已经从考虑自己转换为更多地为蜗牛考虑。因此，我给孩子们提供了适合蜗牛的大型器皿，开始了新一轮的搭建。

2. 提高蜗牛的生活质量

搭建和创造了新家后，幼儿表示想让蜗牛更舒服。于是，我

组织幼儿讨论了蜗牛怎么样可以生活得更舒服。孩子们表示："给蜗牛做好吃的食物,但是我们也不知道蜗牛最喜欢吃什么,我们让它尝尝看吧。""给蜗牛表演节目,听好听的音乐。""我们给它搭建一些朋友,看到长得像的朋友会很开心的。""我们把它的房间装饰一下,贴墙纸,摆上电视机。"区域活动时间,孩子们纷纷动手,帮助蜗牛提高生活质量。例如,在班级的"好吃餐厅"做好吃的饭菜,使用外卖配送服务,给蜗牛派送了"超级至尊比萨""太阳花雪糕""橙汁""火锅"等。除此之外,孩子们创作了好看的作品,例如太阳花、散步的蜗牛、彩虹等,再次装饰了蜗牛的房间。幼儿还制作了蜗牛的亲戚朋友,放进去和他一起玩耍。这些活动让孩子的创造和合作达到了前所未有的高度。

(四)进行回顾与反思,促进经验的迁移与应用

在与幼儿共同进行回顾、反思的过程中,教师不断捕捉幼儿的兴趣或问题,明确下一步研究的方向,促进幼儿经验的迁移和应用。教师的支持与幼儿的学习一样层层深入、螺旋上升。

搭建和创设好舒服的家后,活动并没有结束。我建议孩子们让蜗牛尝试在家里住一段时间,这段时间孩子们可以继续照顾蜗牛,观察蜗牛的生活状态,看看蜗牛自己觉得这个家舒不舒服、喜不喜欢,并进行记录。

通过观察,孩子们发现蜗牛常常待在家的天花板上,它们还会爬到外面来。当孩子们带着它去散步的时候,它也会爬回天花板。为什么住在这么舒服的家的蜗牛还一直想"离家出走"呢?孩子们主动思考:"它想要出去找东西吃,它不喜欢吃我们给它的食物。""它想要回去找妈妈,我们把它抓回来,它想妈妈了。""这个家不是它的家,它想念大自然的家了。"

> 　　孩子们在思考蜗牛想离开的原因时萌发了批判意识。我组织孩子们再讨论"蜗牛的家究竟在哪里"。孩子们表示："蜗牛的家在树上，树上有新鲜的叶子。""在洞里，可以钻来钻去。""在大自然里，有它的家人。""蜗牛的家不在树上，因为鸟会啄它的，应该在水里。""水里也不行，会淹死的，它又不会游泳。"我和孩子们一起阅读了绘本《小蜗牛回家》，大家恍然大悟，原来蜗牛的家其实在它的背上，就是它的壳呀！
> 　　认识到蜗牛的家其实就是它的壳后，孩子们选择将蜗牛放回大自然，让蜗牛寻找自己的家人和朋友。同时，孩子们把建造的家也放在了大自然里，并经常去看蜗牛和宝宝还在不在，有没有新的小伙伴入住。

第五章

教师的深度学习与教学活动质量提升

第一节　教学质量提升行动中教师的学习困境

一、教师学科教学知识不足影响幼儿园教学活动质量

当前，幼儿园教学活动对幼儿深度学习支持不足，教学活动中存在多种问题。这些问题的产生与教师自身的学科教学知识不足有关。

杜威早在1902年就指出，教师不用考虑为他所教授的领域增添新的知识、提出新的假设以及证实它们。他关心的是如何用自身经验体现该学科本体的某个发展阶段。他的难点在于如何诱导产生关键、自发的经历，也就是说将所见的学科本体知识转化为心理分析。舒尔曼不满当时教师知识研究仅专注于学科本体知识的大致特征而忽略其内在的实质，提出了一种基于学科本体知识和教学知识的学科知识——学科教学知识，指教师个人独一无二的教学经验，即独特学科内容领域和教育学的特殊整合，是教师对自己专业理解的特定形式。教师必须让学生接受某一领域的原理，还必须能阐释某一特殊命题的理论根据、与其他命题的关系，以及在理论和实践方面的表现等。学科教学知识的构成见图5-1。

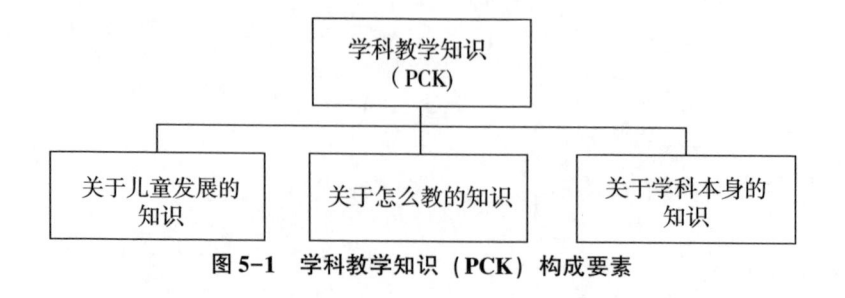

图5-1　学科教学知识（PCK）构成要素

我国《幼儿园教师专业标准（试行）》对教师专业知识的要求与学科教学知识有着相似的结构，包括幼儿发展知识、幼儿保育和教育

知识与通识性知识。其中，幼儿发展知识对应学科教学知识中关于儿童发展的知识，幼儿保育和教育知识对应学科教学知识中关于怎么教的知识，通识性知识对应学科教学知识中关于学科本身的知识。

当前幼儿园教师的学科教学知识不足具体表现在三个方面。①部分教师的通识性知识和学科知识薄弱。一方面，教师对生活相关的通识性知识了解有限，只能够描述部分生活现象，不能解释背后的原理。另一方面，教师对不同学科的知识掌握浮于表面，不能够准确解释知识之间的联系，甚至对知识的解释不准确。这导致教师对教学内容理解不够全面和深入，在对教学内容进行选择和加工时容易出现错误，更难以在多项教学内容之间建立起有机联系。②部分教师关于儿童发展的知识有限，尤其对儿童学习规律与特点了解有限。一些教师只能粗略地说出幼儿心理发展特点，不能够敏锐识别和准确分析幼儿的学习行为，在教学活动中易忽视幼儿的学习进程与需要，教师的教脱离幼儿的学。③部分教师关于怎么教的知识储备不足，且不能够灵活应用。一些教师能够说出多种教学策略的名称，但不能识别他人教学过程中所运用的策略，也不能在自己的教学设计与实施过程中应用多种策略，只会习惯性地使用某一种或几种方法，影响教学效果。

案例

教师在重阳节活动中提到了茱萸。

萌萌问："茱萸是什么呀？"

阳阳问："是一种花吗？"

教师回答："差不多。"

天天说："是一种植物。"

教师回应："对，茱萸是一种植物。"

萌萌又问："茱萸是什么呀？"

教师没有再回答萌萌，而是开始了其他内容的讲解。

> **案例分析**
>
> 从以上对话片段中可以看出，教师对茱萸的认识是不准确的，且对幼儿的回应是模糊的。同时，教师在幼儿感兴趣的情况下，没有及时地通过图片向幼儿展示茱萸，让幼儿积累直观经验，这导致后边幼儿很难理解教师提到的插茱萸的习俗。

二、教师深度学习不足影响教学活动质量提升行动的实效性

我国幼儿园开展了大量的教研活动来提升教学活动质量。很多幼儿园和地方教研部门每学期都会组织教学观摩与研讨活动，以及教学或主题教学观摩评比活动等。但是，用于教学活动质量提升的教研实效如何呢？不少幼儿园和地方教研部门反映教研对教师教学活动质量提升的影响是有限的。这与教师在教研中的深度学习不足有关。在教师缺少深度学习的情况下，教师的学科教学知识增长有限，教学活动质量也难有明显提升。

（一）教师学习浅层化，停留在教学行为模仿

很多教师在教学观摩与研讨中抱着模仿借鉴的目的，重在观察和描述他人的教学行为，较少分析他人教学行为背后的组织逻辑和教育立场，相对缺少对他人教学活动的批判反思。这样的学习停留于行为模仿的浅层状态。教师只是记忆了一些新的教学行为组合，没有理解、分析教学行为的组织原理与意义。教师自身的学科教学知识只在教学法维度有微量的增加，并没有产生结构性调整与全面增长。

（二）教师学习碎片化，停留在教学个案观察

很多教师观摩过多位同行的多场教学活动，但多是个案观察的累加，关于教学的学习呈现出碎片化特点。这与教研活动的组织缺乏计划性和组织性有关。很多教学观摩与研讨活动内容具有偶发性，教师在其中的学习不系统、不连贯。同时，这与教师在学习中缺乏对自身学科教学知识的有意识组织有关。如果教师能够在每次教研中对获得的经验进行回顾与反思，并有意识地将新经验与已有经验建立联系，重新组织自身的经验体系，教师的学习就能够在个体层面保持连续性和系统性。

（三）教师学习被动式，止于教研现场学习

部分教师在教研中比较被动，学习停滞于在教研现场获得信息，尤其缺少在教研后对所获得新经验的迁移应用。这种被动的学习状态使得教师的教学在教研前后难有实质性改进。教研是发现和解决教学问题的过程。在观察与分析他人教学经验与不足的基础上，对自身教学进行反思与调整，是教师学习中不可或缺的一环，对教学质量提升至关重要。这一环节需要教师积极主动作为，进行经验的迁移与应用。

第二节　指向教学质量提升的教师的深度学习

一、教师深度学习的内涵与路径

（一）内涵

如前所述，深度学习是学习者以高阶思维的发展和实际问题的解

决为目标，以整合的知识为内容，积极主动地、批判性地学习新的知识和思想，并将它们融入原有的认知结构中，且能将已有的知识迁移到新的情境中的一种学习，是一种有意义的、具有长远效果的学习。

以提升教学质量为旨归，教师的深度学习是教师积极主动地发现和解决教学问题，对教学活动进行全面、深入的批判与反思，丰富自身学科教学知识，并将其应用到教学改进中的过程。在教学实践中，教师的深度学习表现为对教学规律的好奇与探索，对教学质量提升的自觉追求，对教学活动的整体分析与连续思考，以及对自身学科教学知识的自省意识与主动建构。

（二）路径

从系统动力学视角来看，教师围绕教学的深度学习应形成一个正向链条，实现教师的学习、教师的教学与幼儿的学习之间的循环支持（见图5-2）。

教师的深度学习 → 教师的学科教学知识 → 教学活动 → 幼儿的深度学习

图5-2　教师深度学习与教学活动质量提升的关系

第一，教师围绕教学的深度学习以发现和解决教学问题，提升教学质量，促进幼儿深度学习为目的。教师的深度学习是教师学科教学知识建构的前提与保障；学科教学知识直接作用于教师的教学活动设计与实施。教师教学活动质量的高低影响着幼儿深度学习的空间与可获得的支持。幼儿深度学习中遇到的困难与阻碍是教师在教学设计与实施中要解决的问题，这也是教师深度学习的内容。

第二，教师的深度学习应经历"知识输入、知识分享、知识创新、知识输出与应用"这样的过程，实现教师学科教学知识的扩展或结构升级。

第三，教师围绕教学的深度学习需要学习的内驱力、学习共同体的支持、教学理论或思想的引领、教学实践与检验的机会、教学经验体系的组织与表达。

第四，教师围绕教学的深度学习在组织和个体两个层面的学习情境中皆可进行。组织层面的学习情境包括幼儿园内外的教学观摩与研讨活动、教研活动、培训与交流活动等，个体层面的学习情境包括教学实践与反思、阅读与写作等。

就教研来看，教研应能达到一定的深度，以支持教师的深度学习。目前很多教研遵循的是实践、反思、分享的路径，教师们仅凭个人已有经验的反思与交流常流于空泛，教研难以形成创新成果与有效的问题解决办法。深度教研中应有专门的学习环节，以扩展和增加教师的经验。这里的学习并不是简单地引入外来专家的力量，而是所有的教师都应该有新经验的获得和自身经验体系的重组。

就阅读来看，阅读也应达到深度阅读的状态，才能更好地支持教师的深度学习。从目的来看，阅读可以分为工具性阅读与享用性阅读。工具性阅读可以帮助教师直接获得有用信息，满足教师工作任务所需；享用性阅读是不带有具体任务的阅读。从结果来看，阅读的收获表现为不同的层次：一是获得具体信息，二是学到有用方法，三是得到思维和认识方式的启迪，四是在价值取向、教育观念、认识视野上得到滋养。教师不能满足于工具性阅读，停留于浅层信息的获得，而应进行全面的享用性阅读，并在阅读中深入理解和分析阅读内容，对阅读内容进行批判性反思与个人的再组织，实现深层次的阅读。

二、教师深度学习的支持方式与策略

组织层面在组织教学观摩与研讨、教研等活动时要考虑对教师深度学习的引导与支持；教师在教学实践与反思、阅读与写作过程中也要对自身学习过程与学习状态进行反思与调控。

（一）常用支持方式

1. 绘制三层地图，直观表征和组织学科教学知识

教师在观摩和研讨他人的教学活动时可以绘制三层地图，包括绘制知识地图分析教学内容，绘制教学地图分析教学活动设计，绘制学习地图分析幼儿的学习过程与结果。同时，教师自身在设计教学活动时也应绘制三层地图，厘清对教学活动的认识，并在教学活动实施后对照三层地图进行反思。

绘制地图可以由教师个人独立完成，也可以由教师合作完成。在团队合作的情况下，教师"编制知识地图的过程是一个将个人和一些小团体的知识地图组合成一张完整的大的知识地图的过程"[①]。这对于教师学科教学知识的扩展有很好的帮助。

2. 联合同行开展同主题教学实践，进行有主题的多角度反思对话

"实践、反思、再实践"是教师个体学习和提升教学活动质量的常用路径。该路径有一定的效果，但是依赖于个体的自觉性和思维的深刻程度。一些教师（仅凭个人力量）在多轮次的实践反思过程中并没有明显的成长。

要促进教师的深度学习，更有效地丰富教师的学科教学知识，改进教师的教学，可以在教师个体实践反思的基础上加入同行实践比较、主题研讨与多角度反思对话等方式。联合同行开展同主题的教学实践，与中小学常用的同课异构方法类似，可以为教师提供直观的可比较分析的教学活动。教学实践后的研讨可以是开放式的，也可以聚焦某一主题。在与同行共同反思交流的过程中，聚焦特定主题能够更好地促进彼此间的对话，使反思与对话更深入。同时，同行之间的反思对话可以从多角度展开，帮助教师全面思考。

---

① 李亮. 知识地图：知识管理的有效工具 [J]. 情报理论与实践，2005（3）：233.

3. 前辈辅导，为教师提供连续性评价与指导

我国教育实践中广泛采用了老带新的教师发展方式。有经验的老教师与新教师结成稳定的师徒关系，师傅向徒弟分享个人教学经验，并对徒弟的教学实践进行观察与指导。这些有益的做法能够很好地促进教师学习，帮助教师改进教学。但是，部分师徒组合的传帮带效果并不明显。这与前辈辅导缺乏计划性、连续性和针对性有关。

为更好地通过前辈辅导的形式促进教师的深度学习，师徒双方可以围绕教学改进这一目标制订详细的传帮带计划，开展连续性的评价反馈与有针对性的指导。师徒双方应明确和共同认可高质量教学的标准，商定对教师教学实践进行观察指导的频次与每次的改进任务。在前辈辅导过程中，教师应自觉领悟学习目标与任务，并在日常的教学实践中主动应用新获得的经验，有意识地进行教学调整。

4. 组建专业共同体，合作共享学科教学知识

教师可以联合同行组建专业共同体，通过同行共享丰富自身学科教学知识，并应用于教学实践改进。

合作共享可以是共同体成员分别负责不同的任务，联合起来形成系列分享，最后形成一套学科教学知识体系。例如，教师四人一组，从具体的幼儿学习与发展目标出发，依次分享幼儿学习与发展目标（包括不同年龄班幼儿学习与发展目标）、幼儿学习难点与挑战、对应的教学设计、其他教育情境中可配合使用的教育安排（包括生活渗透、游戏组织、环境创设与家园共育）。这样四个人的分享合起来形成了一个完整的"圆形杯垫"，能够帮助每一位参与分享的教师丰富学科教学知识（见图5-3）。

同时，合作共享可以是共同体成员从各自角度提出关于教学的观点，成员之间在分享交流后形成一定的共识，求同存异。共同体成员可以采用方形杯垫记录法，将团体共识和成员个人观点有组织地记录下来（见图5-4）。这种交流与记录方式可以帮助教师澄清、检验、反思和扩展学科教学知识，使教师的学科教学知识结构更稳固，内容更

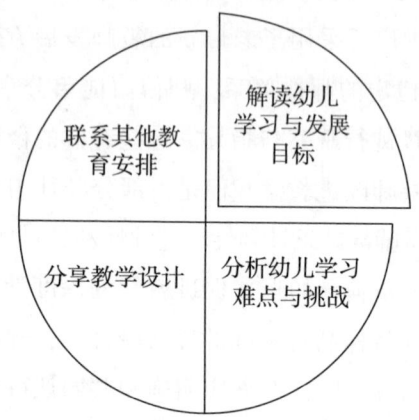

图 5-3　学科教学知识小组分享任务示意图与圆形杯垫记录法

图 5-4　教学交流示意图与方形杯垫记录法

清晰，数量更丰富。同时，这种共享和记录方式很适合教学中有矛盾和冲突的话题，有助于增进教师对教学的多角度认识与批判思考。例如，教师四人一组，围绕信息技术在教学活动中的运用发表各自观点，分别记录在方形杯垫的四条边；随后，大家讨论提出小组共识，将其从个人边框中移出，使用大家共同认可的表达方式记录在方形杯垫的中间位置；最后，小组成员总结大家的共识与差异分别是什么。

（二）对不同专业发展阶段教师的支持策略

不同教师专业发展阶段教师需要不同的支持。

1. 新手型教师

根据教师专业发展阶段理论来看，新手型教师停留在任务取向阶段。在教学活动中，新手型教师关注自己设计好的教学环节能否完整实施，对自身教法的思考强于对幼儿学法的关注。并且，教师能够有计划地提问幼儿，但是对幼儿的回应不充分。另外，教师教学策略的使用不够灵活，难以随幼儿的表现做出及时调整。新手型教师也很难发现幼儿在操作与交流过程中出现的错误或困难。即便教师能够发现，也难以快速地给出有效引导或回应。

为提升教学质量，新手型教师应增加教学实践的机会，以教学任务驱动关于教学的学习。同时，新手型教师在学科教学知识整体不足的情况下，可以先对教学方法、儿童发展和学科内容三个方面知识进行分类学习，形成对每一类知识的系统认识，为后续三类知识的综合运用奠定基础。

2. 发展型教师

发展型教师追求教学活动的创新，不再满足于重复已有的教学设计和"把活动顺利实施"。同时，发展型教师会更关注幼儿在教学活动中的表现，更多地从幼儿体验的角度设计教学活动。但是，限于对幼儿的了解不足和教学经验的有限，发展型教师在教学创新中的表现不稳定，时而会表现出对幼儿学习目标要求过高或过低的现象。

发展型教师会主动学习教学相关内容，学科教学知识会表现出明显的结构性变化和容量增长。一方面，其学科教学知识各要素在努力地形成联结，并在不断地尝试新的联结方式；另一方面，其学科教学知识在不同的扩容，增加数量。为支持发展型教师关于教学的学习，幼儿园应提供丰富的学习资源和学习机会，并支持发展型教师的创新实践，为其提供检验新设想的机会。

3. 成熟型教师

成熟型教师会形成稳定的教学风格与独特的教学实践模式，并且愿意主动帮助同行改进教学实践。成熟型教师甚至能够在教师群体中发挥领导作用，倡导大家运用新的教学理念与形式。

　　成熟型教师的学习任务在于澄清和表达自身的学科教学知识体系，并通过向外传播与分享，带领同行共同追求教学的革新与进步。为支持成熟型教师的学习，幼儿园应为成熟型教师提供展示个人教学经验的机会与平台，并在此过程中引导成熟型教师将个人隐性、模糊的学科教学知识进行转化，形成显性、清晰的知识。在知识转化与表达的过程中，成熟型教师会自觉开启新一轮的学习，检验或完善个人学科教学知识。

主要参考文献

陈琼. 幼儿园大班集体教学活动质量的个案研究［D］. 金华：浙江师范大学，2013.

姜冬妮. 数学区域活动支持大班幼儿深度学习的行动研究［D］. 大连：辽宁师范大学，2021.

邱子华，于海涛，陈国华. 走向深度教研：新时代基础教育教研转型发展的路径选择［J］. 现代教育，2021（4）：31-34.

史贝贝. 支持教师深度参与教研的策略［J］. 幼儿教育，2022（7）：44-47.

汪宁馨. 深度学习视角下大班主题建构活动的教师言语指导行为个案研究［D］. 南京：南京师范大学，2018.

王聪颖. 指向深度学习的幼儿园早期阅读教学中的教师提问与理答研究［D］. 济南：山东师范大学，2021.

王小英. 幼儿深度学习的理论与实践探索研究［M］. 北京：清华大学出版社，2021.

熊川武. 反思性教学［M］. 上海：华东师范大学出版社，1999.

徐慧芳. 深度学习对集体活动和区域活动中幼儿使用科学学习方式的影响［J］. 教育科学，2019（2）：72-77.

叶平枝，等. 幼儿深度学习课程设计与实施［M］. 北京：教育科学出版社，2022.

张浩，吴秀娟，王静. 深度学习的目标与评价体系构建［J］. 中国电化教育，2014（7）：51-55.

张馨月. 建构游戏中促进大班幼儿深度学习的师幼互动研究［D］. 济南：山东师范大学，2020.

赵明仁．教学反思与教师专业发展：新课程改革中的案例研究［M］．北京：北京师范大学出版社，2009．

朱家雄，郭敏华，曹宇．纪录，让教师的教学有意义［M］．福州：福建人民出版社，2008．

后 记

为支持幼儿的深度学习而教，为教好而支持教师的深度学习，是今天学前教育实践应有的共同追求。本书围绕教学活动中如何支持幼儿的深度学习，先探讨了教学活动各要素的确立与组织，进而分别讨论了分领域教学活动的设计与实施、主题教学活动的设计与实施。最后，为提升教学活动质量，本书讨论了教师深度学习的内涵、路径、方式与策略。

书中各部分内容分为多个层面依次展开，旨在帮助读者掌握幼儿园教学活动设计的一般原理，同时也引导读者思考深度学习取向下教学活动的变革。首先，本书在各部分呈现了教学活动的基本原理，包括各活动要素的设计与使用要求、各领域教学活动的主要目标与内容、不同类型教学活动的组织流程等。其次，本书在实然层面指出了当前教学活动中不利于幼儿深度学习的地方，如各教学要素选择与应用中存在的常见问题，领域教学活动、主题教学活动中幼儿的深度学习困境，教学质量提升行动中教师的学习困境等。最后，本书在应然层面探讨了深度学习取向下教学活动设计与实施应做出的改变，分别从教学活动要素的选择与应用、分领域教学活动和主题教学活动的设计与实施、教师的深度学习多个角度展开。

本书是团队合作完成的成果，各章节的主要参与者分别是：第一章，冯婉桢；第二章，冯婉桢、张如婷；第三章，冯婉桢、李慧、陈睿、张如婷、荣馨悦、章誉、吕源；第四章，冯婉桢、李敏；第五章，冯婉桢、李慧。

  感谢叶平枝老师的信任，使我们团队有机会参与到本系列丛书的写作和出版中来。在本书写作过程中，叶老师多次组织大家讨论书稿内容，给我带来很多启发，在此表示感谢！

  本书系北京师范大学教育学一流学科培优项目"面向教育现代化的普惠性学前教育高质量发展研究"（YLXKPY-XSDW 202209）的成果之一。在此一并感谢！

  我们力图在书中全面探讨如何在教学活动中支持幼儿的深度学习，为幼儿园教学实践及其改革提供参考。但限于时间等因素，书中内容还有许多不足之处，请读者批评指正。

冯婉桢